생각을 키우는
동양 철학
이야기

생각을 키우는 동양 철학 이야기

1판 1쇄 발행 2016년 11월 30일
1판 3쇄 발행 2017년 10월 10일

지은이 장스완
펴낸이 이윤규

펴낸곳 유아이북스
출판등록 2012년 4월 2일
주소 서울시 용산구 효창원로 64길 6
전화 (02) 704-2521
팩스 (02) 715-3536
이메일 uibooks@uibooks.co.kr

ISBN 978-89-98156-65-7 43150
값 12,000원

모델명 생각을 키우는 동양 철학 이야기
제조연월 2016. 11. 25 **제조자명** 유아이북스 **제조국명** 대한민국
주소 서울시 용산구 효창원로 64길 6 일진빌딩 **전화번호** 02-704-2521

이솝우화를 넘어서는 동방의 지혜

생각을 키우는
동양 철학 이야기

장스완 지음

ui 유아이북스
For The Ultimate Information

들어가는 글

한자 공부를 하는 학생이 한문책을 들고 어제 배운 '내 천(川)' 자를 찾으려고 책장을 넘기고 있었다.

앞뒤로 오가며 한참 동안 찾았지만, 그 글자가 보이지 않았다. 그러다가 마지막 장을 펼치니 '석 삼(三)'자가 보였다. 그러자 그 학생은 입이 함박만 해서 이렇게 말했다.

"아하, 내 천(川) 자가 흐르다가 힘들어서 누워 자고 있었구나!"

• • • • •

철학은 웃는 법을 가르치는 학문이다.

—몽테뉴(1533~1592)

차례

들어가는 글 ..5

제1부
{ 모든 것에는 원리가 있다 }

우물 안 개구리 ..13

나뭇잎 하나로 눈을 가리고 . ..16

목마른 붕어 ..20

기나라 사람의 걱정 ..23

갈림길이 많아서 양을 잃었네 ..25

아침에 세 개, 저녁에 네 개 ..28

관윤자의 활쏘기 교수법 ..31

손을 트지 않게 하는 약 ..34

동시가 서시 흉내를? ..37

사마귀야, 뒤를 조심해 ..39

새가 죽은 이유 ..42

수레바퀴를 막아선 사마귀 ..45

오십 보 백 보 ..48

바둑 선생의 두 제자 ..51

숫자 채우기 ..53

농사일은 안 하고 토끼만 기다려 ..56

제2부
지혜의 힘

사나운 술집 개 ..61

귀신 그리기가 제일 쉬워 ..64

멀리서 온 편지 ..66

증자, 돼지를 잡다 ..69

자기 발을 못 믿어서 ..72

벼의 싹을 뽑아 올렸더니 ..75

창과 방패 ..77

늙은 말과 개미 ..80

뱃전에 금 그어 놓고 칼 찾기 ..83

죽은 사람 살리는 능력을 가진 사람 ..85

한단에서 걸음걸이 배우기 ..87

이의 심장을 꿰뚫는 활 솜씨 ..90

귀 막고 방울 훔치기 ..93

아이를 강물에 던지겠다고? ..95

입술이 없으면 이가 시린 법 ..97

호랑이의 위세를 빌린 여우 ..100

제3부

{ 결국은 본질이 중요하다 }

발 달린 뱀 ..105

말 값이 열 배나 뛰었어! ..108

남쪽으로 가야 할 사람이 왜 북쪽으로? ..111

어부만 수지맞았네 ..114

없는 호랑이도 세 사람만 우기면 있다 ..117

섭공은 용을 좋아해 ..120

한 번에 호랑이 두 마리를 잡은 지혜 ..122

변방 노인의 말 ..125

그림만 보고 천리마를 찾았지 ..128

여우야, 네 털가죽을 나에게 주렴 ..131

소를 위한 연주회 ..134

장님 코끼리 만지기 ..137

귀주 당나귀 ..139

술잔 속에 뱀이 꿈틀 ..142

진주를 산 정나라 사람 ..145

대추를 통째로 삼킨 이유 ..147

날아가는 기러기를 보며 티격태격 ..149

술과 신발을 좋아한 성성이 ..151

제4부
{욕심을 버리면 보이는 것들}

장대를 성문으로 들여가는 방법 ..157

이것도 멍에, 저것도 멍에라고? ..159

마차몰이 경주에서 이기는 법 ..161

마른 연못 속의 뱀 ..164

뒷발질하는 말 가려내기 ..166

사냥개에게 쥐를 잡게 했더니 ..168

도끼를 잃어버린 사람 ..170

어리석은 자 호떡 사먹기 ..172

목동과 승냥이 ..174

진정 나를 알아주는 사람이라면 ..176

불쌍한 새끼 고라니 ..180

선왕, 딴청 부리지 마시오 ..183

바퀴장이가 독서를 논하다 ..185

원추와 썩은 쥐 ..188

우공의 산 옮기기 대작전 ..191

이 책에 등장하는 중국 철학자들 ..195

본문 속 고사성어 ..197

제1부

모든 것에는
원리가 있다

우물 안 개구리

우물 안에 개구리 한 마리가 살고 있었다.

어느 날, 개구리는 바다거북 한 마리가 기어오는 것을 보았다.

"바다거북아, 빨리 좀 오렴. 어서 와서 나의 아름다운 낙원을 보렴."

거북이가 우물 난간으로 기어와서 고개를 빼고 우물 속을 들여다보았다. 개구리는 우물을 가리키며 자랑스럽게 말했다.

"너는 태어나서 이런 즐거움을 한 번도 누려보지 못했을걸. 나

이야기 속
고사성어

• **정저지와** 井底之蛙 井 우물 정, 底 낮을 저, 之 어조사(~의) 지, 蛙 개구리 와
우물 안 개구리라는 뜻으로, 소견이나 견문이 몹시 좁은 사람을 비유함.

는 낮에는 우물가에서 땀을 식히고, 밤에는 깨진 항아리 틈으로 들어가 잠을 잔단다. 물 위에 떠서 달콤한 꿈을 꾸고 진흙 위에서 편안하게 뒹굴지. 저 올챙이나 게 따위는 나의 즐거움을 흉내도 못 낼걸."

그러자 바다거북이가 우물 안으로 기어들어 갔다가 금세 나와서 이렇게 말했다.

"너는 바다에 대해서 들어본 적 있니? 나는 아주 넓은 바다에 산단다. 그 바다는 수천 리 들판과도 비교가 안 돼. 너무 깊어서 수만 길 높이의 산봉우리를 집어넣어도 그림자조차 보이지 않아. 우(禹) 임금(전설로 전해지는 중국 하나라의 시조) 시절에는 10년 동안 아홉 번이나 큰 홍수가 났지만 한 치도 불어나지 않았고, 탕(湯) 임금(기원전 1600년경, 중국 상나라의 건국자) 시절에는 8년 동안 일곱 번이나 가뭄이 들었지만 한 뼘도 줄어들지 않았단다. 나는 큰 바다에서 아무런 거리낌 없이 자유로이 떴다 가라앉았다 하지. 큰 바다에 사는 즐거움이 어떤지 이제 알겠니?"

개구리는 눈만 껌뻑거리며 입을 떡 벌린 채 아무 말도 하지 못했다.

— 《장자》에서

이 우화는 좁은 식견으로 제 잘난 체하는 사람을 우물 안 개구리에 비유하여 꼬집고 있다.

우물 안 개구리는 바깥세상을 보지 못하고 좁은 우물 안에서만 살아왔기 때문에 자기가 사는 곳이 제일 좋은 곳인 줄 알고 있었다. 그러다가 바다거북의 말을 듣고 나서야 비로소 자기의 식견이 너무 편협하고 유치했다는 것을 깨닫게 된다는 이야기이다.

세상은 무한히 넓고, 지식의 세계는 무궁무진하다. 그러므로 짧은 지식과 경험에 만족할 것이 아니라, 반드시 끊임없이 배우고 익혀 안목을 넓혀 가야 한다.

나뭇잎 하나로 눈을 가리고

초나라의 한 유생(유학(儒學)을 공부하는 선비)이 집안이 가난하여 온종일 일확천금만 꿈꾸고 있었다. 어느 날, 그는 《회남자》란 책에서 '사마귀가 매미를 잡을 때는 나뭇잎으로 몸을 가리는데, 그 나뭇잎만 있으면 사람도 몸을 숨길 수 있어서 남들이 자기를 볼 수 없다'는 글귀를 읽었다. 그는 그 내용을 사실로 믿고 책을 내던지고 숲으로 달려가 나무 밑에 앉아 사마귀가 매미를 잡을 때

이야기 속
고사성어

- **일엽장목**─葉障目 ─ 한 일, 葉 잎사귀 엽, 障 가릴 장, 目 눈 목
  나뭇잎 하나가 눈을 가린다는 뜻으로, 단편적이고 일시적인 현상에 미혹되어 전반적이고 근본적인 문제를 깨닫지 못함을 가리키는 말.

16

를 기다렸다.

드디어 사마귀 한 마리가 나뭇잎 뒤에 몸을 숨기고 매미를 향해 달려드는 것이 보였다. 그는 급히 나무 위로 올라가 손을 뻗어 사마귀가 숨어 있는 나뭇잎을 땄다. 그러나 손동작이 서툴러 그만 나뭇잎을 떨어뜨리고 말았다. 땅바닥에는 낙엽이 수북이 쌓여 있어서 그 나뭇잎을 찾을 수가 없었다. 그는 할 수 없이 나무 밑에 쌓여 있는 낙엽을 모조리 쓸어안고 집으로 돌아왔다. 그리고 그는 나뭇잎 하나를 집어 들고 아내에게 물었다.

"내 모습이 보이오?"

그러자 그의 아내는 어처구니없다는 표정을 지으며 말했다.

"이 양반이 미쳤나? 그럼 보이지, 안 보여요?"

그는 다른 나뭇잎을 바꿔 들고 또 물었다.

"아직도 보이오?"

베를 짜느라 한창 바빴던 아내는 되지도 않는 소리를 자꾸 해 대는 남편이 귀찮아서 입에서 나오는 대로 대답해 버렸다.

"안 보여요!"

그는 기뻐하며 서둘러 시장으로 달려갔다. 그는 한 손으로 나뭇잎을 들어 눈을 가린 뒤, 다른 손으로 가게의 물건을 집어 들고는 줄행랑을 쳤다. 그러나 몇 걸음 못 가, 그는 소리를 지르며 달려드는 시장 사람들한테 붙잡혀 관청으로 끌려가고 말았다.

　관청의 현관(고을을 다스리는 관리)은 그를 심문하다가 너무 어처구니가 없어서 웃음을 터뜨렸다. 그는 선비에게

　"너는 잎사귀 하나로 눈을 가리면 정말 태산도 보이지 않는단 말이냐?"

하고 묻고 나서, 가르쳐 타이른 후 집으로 돌려보냈다.

— 《갈관자(鶡冠子)》에서

　이 이야기에 등장하는 선비는 책에서 '사마귀가 매미를 잡을 때 나뭇잎으로 몸을 가리는데, 만약 그 나뭇잎만 있으면 사람도 몸을 숨길 수 있다'는 글귀를 사실로 믿고 나뭇잎 하나를 들고 시장으로 달려가 한 손으로는 나뭇잎으로 눈을 가리고, 다른 한 손으로는 남의 물건을 훔친다. 어리석기 짝이 없는 일이다.

이 이야기는 부분적인 현상에만 미혹되어 전체 혹은 본질을 보지 못하거나 시야가 좁은 사람을 비판하면서, 우리에게 지식을 얻을 때 책에만 의지하지 말고 실제 사실과 경험에 바탕을 둘 것을 가르치고 있다. 또한 남의 말을 맹목적으로 믿을 것이 아니라 반드시 과학적인 방법으로 검증할 것을 당부한다.

우리는 독서할 때 그 내용을 맹목적으로 믿을 것이 아니라, 이치에 타당한지 앞뒤 모순점은 없는지 분석하여 정확히 이해해야 한다. 문자만 읽고 표면에 나타난 그대로 믿으면 차라리 책이 없느니만 못하다.

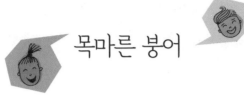

목마른 붕어

어느 날, 장자가 양식이 다 떨어져서 황하를 감독하는 관리를 찾아가 양식을 꾸려 했다. 황하 감독관이 그를 보고 말했다.

"좋소. 백성들이 조세를 낼 때까지 기다렸다가 300냥을 꾸어 드리겠습니다. 그러면 되겠습니까?"

장자는 그 말을 듣고 대꾸했다.

"제가 어제 이리로 오는데, 길에서 누군가 외치는 소리가 들렸습니다. 사방을 둘러보다가 수레바퀴에 패인 바짝 마른 웅덩이에 붕어 한 마리가 가로누워 있는 걸 보았습니다. 제가 물었지요. '붕어야, 어쩌다 이렇게 됐니?' 붕어가 대답하더군요. '저는 동해에서 왔어요. 곧 말라 죽을 것 같아요. 제게 물 한 바가지만 주셔서 저를 살려주세요.' 저는 이렇게 말했습니다. '아, 좋아. 내가 지금 오나라와 월나라로 가는 길인데, 그곳 임금을 설득해서 장강의 물을 너에게 끌어다 대줄게. 됐지?' 그러자 붕어가 숨을 가쁘게 쉬면서 이렇게 말했습니다. '제가 물속을 떠나 여기에 외롭게 누워 있게 되었기에 당신에게 물 한 바가지로 살려달라고 간청하는 것입니다. 장강 물을 끌어다 저를 살려주시겠다는 당신의 호의는 고맙지만, 물을 끌어오기 전에 일찌감치 건어물 가게에서 저를 찾는 편이 빠르겠습니다."

말문이 막힌 감독관을 뒤로하고 장자는 유유히 자리를 떠났다.

— 《장자》에서

이 우화는 실속 없이 헛된 말만 하고 큰소리치면서 실제로는 아무 문제도 해결하지 못하는 사람을 풍자한다.

황하 감독관은 겉으로는 큰소리를 뻥뻥 쳤지만, 속으로는 장자의 문제를 해결해 줄 마음이 전혀 없는 위선자였다. 장자는 감독관의 그런 본심을 붕어의 입을 빌어 폭로하고 있다. '먼 곳의 물로는 당장의 갈증을 풀지 못한다'는 속담처럼, 굼뜬 행동이나 방법으로는 절박한 요구를 해결할 수 없다.

실질적으로 문제 해결에 도움이 되지 않는 언행은 모두 위선이고 거짓이다. 그러므로 남들이 도움을 필요로 할 때는 요란하게 겉치레 호의만 보일 것이 아니라, 반드시 진심으로 발 벗고 나서서 문제를 해결할 수 있도록 도와주어야 한다.

기나라 사람의 걱정

기나라에 사는 어떤 사람이 하늘이 무너져 내려앉고 땅이 꺼지면 몸 둘 곳이 없어질 것이라는 걱정 때문에 밥을 먹지 못하고 잠을 편히 자지 못했다.

하루는 친구가 그를 찾아와서 이렇게 말했다.

"친구, 어째서 스스로 걱정거리를 만드는 겐가? 어떻게 하늘이 무너져 내려앉는단 말인가? 설령 하늘이 내려앉는다 할지라도 자네 혼자서 근심 걱정한다고 그게 해결되겠는가? 그러니 이

이야기 속 고사성어

- **기우** 杞憂　杞 기나라 기, 憂 근심할 우
  중국 기나라 사람이 하늘이 무너질까 봐 먹고 자는 것을 잊고 근심 걱정했다는 뜻으로, 쓸데없는 걱정을 가리키는 말.

제 그만하게나.”

　그러나 친구가 아무리 이치를 설명해도 그는 그 말을 듣지 않고 여전히 그런 황당한 문제를 붙들고 근심 걱정에 잠겨 있었다.

　이 이야기에 등장하는 기나라 사람은 하늘이 무너져 내리고 땅이 꺼져 내려 앉을까 봐 온종일 근심 걱정하였다. 근본적으로 발생하지 않을 일에 정신을 쏟고 괜한 걱정으로 자신을 괴롭혔던 것이다. 근거 없는 황당한 일로 근심 걱정하는 사람을 풍자하는 이야기이다.

　살아가다 보면 우리에게도 문제가 생길 때가 있다. 그러나 기나라 사람처럼 쓸데없이 근심 걱정만 하면서 자신을 괴롭힐 것이 아니라, 실질적으로 그 문제를 해결하도록 생각을 모으고 행동해야 한다. 쓸데없이 근심에 파묻혀 시간만 허송해서는 안 된다.

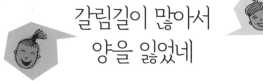

갈림길이 많아서
양을 잃었네

양자(楊子, 전국시대 초기 위나라 사람)의 이웃에 사는 어떤 사람이 양 한 마리를 잃어버렸다. 그는 온 식구는 물론 동네 사람들까지 남녀노소 불문하고 다 불러내어 양을 찾아보게 했다. 그리고 양자에게까지 사람을 보내 도와달라고 부탁했다.

양자는 이상히 여겨 물었다.

이야기 속 고사성어

- **다기망양** 多岐亡羊 多 많을 다, 岐 갈림길 기, 亡 잃을 망, 羊 양 양
  갈림길이 많아서 양을 잃는다는 뜻으로, 학문의 길이 여러 갈래로 나뉘어져 있어 진리를 찾기 어려움을 가리키거나 방침(方針)이 많아서 어찌할 바를 모르게 됨을 가리키는 말.

"양 한 마리를 잃어버렸다면서 왜 이렇게 많은 사람을 동원했소?"

이웃 사람은 이렇게 대답했다.

"갈림길이 너무 많아서요."

한나절이 지나자 양을 찾으러 갔던 사람들이 모두 돌아왔다.

"양을 찾았소?"

양자가 사람들에게 물었다.

"못 찾았습니다."

"큰길에는 갈림길이 있고, 그 갈림길에 또 갈림길이 있으니, 양이 어디로 갔는지 알 수가 있어야죠. 사람이 아무리 많아도 어쩔 도리가 없더군요."

양자는 그 이야기를 듣고 갑자기 안색이 바뀌더니 온종일 아무 말도 하지 않았다. 제자가 이상하게 여겨 물었다.

"양은 하찮은 가축이고 또 선생님의 것도 아닌데, 왜 말씀도 안 하시고 웃지도 않으십니까?"

양자는 여전히 대답이 없었고, 제자도 그 까닭을 알 수 없었다.

―《열자》에서

갈림길이 많아 양을 잃어버렸다는 것은, 어떤 문제에 부딪혀 복잡다단한 상황에서 정확한 방향이 없으면 반드시 기로에 서게 됨을 비유한 것이다.

양자의 이웃 사람은 갈림길이 너무 많아서 양을 잃었다고 말하는데, 사실은 주관도 없고 찾을 방안도 명확히 세우지 않은 채 이 길로 갔다, 저 길로 갔다 하면서 우왕좌왕하다가 끝내 찾지 못하게 된 것이다.

우리가 살아가는 데에도 수많은 갈림길이 있는데, 만약 목표가 명확하지 않고 이랬다저랬다 하면 방향을 잃게 되어 결코 목표에 다다를 수 없다. 반드시 마음을 정하고 한길로 나아가야 예상 목표에 도달할 수 있다.

난관에 부딪히면 우선 마음을 안정시키고 차근차근 생각을 가다듬어 방향을 명확히 해야 비로소 정확한 방법을 찾아낼 수 있다. 복잡해 보이는 문제일수록 정신을 집중하여 문제 해결에 온 힘을 쏟아야 한다.

아침에 세 개, 저녁에 네 개

송나라에 원숭이를 아주 좋아하여 집에서 기르는 노인이 있었다. 노인은 원숭이를 오랫동안 기르다 보니 그들의 성질을 잘 이해했고, 그들 또한 노인의 마음을 잘 알게 되었다. 노인은 집안 식구들은 굶길지언정 원숭이들은 잘 챙겨 먹였다.

얼마 못 가 집안에 양식이 다 떨어지려 할 즈음, 노인은 원숭이들의 밥을 줄이자니 그들이 싫어할 것 같아 걱정이 되었다. 그

이야기 속
고사성어

• **조삼모사** 朝三暮四 朝 아침 조, 三 석 삼, 暮 저물 모, 四 넉 사
아침에 세 개, 저녁에 네 개라는 뜻으로, 당장 눈앞에 보이는 차이만 알고 그 결과가 같음을 모르거나 간사한 꾀를 써서 남을 속이는 것을 비유한 말.

래서 먼저 원숭이들에게 물었다.

"이제 양식이 떨어져 가니 먹는 양을 줄여야 한다. 오늘부터 도토리를 아침에는 세 개, 저녁에는 네 개를 주겠다. 됐지?"

노인의 말을 들은 원숭이들은 펄쩍펄쩍 뛰면서 이빨을 드러내고 으르렁거리며 불만을 터뜨렸다. 노인은 소동을 잠재우기 위해 급히 말했다.

"좋아, 그러면 아침에는 네 개, 저녁에는 세 개를 주지. 그러면 되겠지?"

노인의 말을 들은 원숭이들은 머리를 흔들며 꼬리를 붙잡고 땅바닥을 기어 다니며 몹시 좋아했다.

—《열자》에서

원숭이를 기르는 노인이 날마다 원숭이들에게 도토리 일곱 개씩을 주는데, 아침에 세 개, 저녁에 네 개씩 주는 방법과 아침에 네 개, 저녁에 세 개씩 주는 두 가지 방법을 제시했다. 앞뒤 분량만 다를 뿐 본질적으로는 차이가 없는 것이었다. 그런데 원숭이들은 그 사실을 알아채지 못하고 자기들에게 더 유리한 방법을 선택한 것인 양 좋아했다는 이야기이다.

본래 남을 속이는 교묘한 수법을 비유하는 이야기로 쓰였으나, 오늘날에는 복잡다단하고 반복무상한 행동을 비유하여 쓰고 있다.

 이 이야기 속의 원숭이들처럼 표면적인 현상에만 미혹될 것이 아니라, 사물의 본질을 똑바로 볼 줄 알아야 한다.

관윤자의 활쏘기 교수법

열자가 관윤자에게 활쏘기를 배웠는데, 드디어 활을 쏘아 과녁을 맞힐 수 있게 되었다. 열자가 관윤자에게 물었다.

"제가 잘 배웠지요?"

그러자 관윤자가 열자에게 물었다.

"너는 네가 과녁을 맞힌 까닭을 아느냐?"

이야기 속 고사성어

- **관윤자교사** 關尹子敎射
  關 관계할 관, 尹 성씨 윤, 子 아들 자, 敎 가르칠 교, 射 쏠 사
  관윤자가 활쏘기를 가르친다는 뜻으로, 어떤 일을 할 때 그것에 대한 원리와 그 일이 이루어진 까닭을 알아야 함을 비유하여 쓰는 말.

열자는 모른다고 했다. 관윤자가 말했다.

"모른다고? 그런데 어떻게 잘 배웠다고 말할 수 있지?"

그로부터 열자는 관윤자에게 활쏘기를 3년간 더 배웠다. 그리고 다시 관윤자에게 평가해 줄 것을 요청했다. 관윤자가 또 물었다.

"너는 네가 과녁을 맞힌 까닭을 아느냐?"

"압니다."

열자가 대답했다. 그제야 관윤자는 이렇게 말했다.

"이제 됐구나. 과녁을 맞힌 까닭을 알았다니 이제야 잘 배웠다고 할 수 있다. 그 까닭을 잊어버리거나 어겨서는 안 된다. 활쏘기만 그런 것이 아니다. 나라나 몸이나 마찬가지다. 보존되느냐, 망하느냐에 신경을 쓸 것이 아니라 보존되고 망하는 원리와 까닭이 무엇인지 신경 써야 한다."

— 《열자》에서

이 우화는 학문을 닦든지 일을 하든지 그것에 대한 원리와 그것이 왜 그렇게 되었는지 까닭을 알아야 한다는 것을 가르쳐 준다.

활쏘기에서 과녁을 맞히는 것은 하다 보면 어쩌다 할 수 있는 일이다. 그러나 어떻게 과녁을 맞힐 수 있었는가 하는 활쏘기의 원리를 파악했을 때 비로소 활쏘기 기술을 터득했다고 할 수 있다.

 열자가 활쏘기 원리를 알게 된 것처럼 우리 역시 무언가를 배울 때 문제의 답을 알아야 할 뿐만 아니라, 어떻게 이런 답이 나왔는가를 똑똑히 알아야만 한다. 그제야 비로소 그 문제의 본질을 파악하고 몸에 익혔다고 말할 수 있다.

손을 트지 않게 하는 약

송나라에 대대로 무명 세탁 일을 하는 집안의 사람이 있었다. 어느 날, 그는 손이 트지 않게 하는 약을 만들었는데, 이 약을 바르면 동상으로 인해 손발이 트는 것을 막을 수 있었다.

그 소문을 듣고 다른 마을에 사는 어떤 사람이 찾아와 100냥에 그 비방을 팔라고 사정했다. 주인은 식구들을 모아놓고 물었다.

**이야기 속
고사성어**

• **불균수지약** 不龜手之藥 不 아니 불, 龜 갈라질 균, 手 손 수, 之 어조사(~의) 지,
藥 약 약
손이 트지 않게 하는 약이라는 뜻으로, 같은 약이라도 쓰는 사람과 방법에 따라 그 가치가 달라짐을 비유한 말.

"우리 집안은 세탁하는 일로 몇 대를 살아왔지만 아무리 애써도 몇 푼 벌지 못했는데, 지금 이 비방을 사려는 사람 덕분에 한꺼번에 100냥을 벌 수 있게 되었다. 비방을 파는 게 어떻겠느냐?"

모두들 지긋지긋한 세탁 일에서 잠시나마 벗어날 수 있다는 사실에 기뻐하면서 비방을 어서 팔자고 했다.

약의 비방을 산 이웃 마을 사람은 그것을 가지고 오나라 왕에게 가 그 효험을 설명했다. 머지않아 월나라가 오나라로 쳐들어왔다. 오나라 왕은 그에게 수군을 통솔하여 적을 물리치도록 했다. 때는 한겨울로 두 나라 군사는 강에서 수전을 벌이고 있었다. 오나라 군사는 그 고약을 바른 덕분에 손발이 얼거나 트지 않아 모두 원기 왕성했다. 그러나 월나라 군사들은 손발이 얼고 갈라지자 사기가 떨어져 뿔뿔이 도망을 쳤다. 이 사실을 알게 된 오나라 왕은 매우 기뻐하며 약의 비방을 알려 준 사람에게 넓은 땅을 하사했다.

피부가 얼어 트는 것을 막아주는 약으로 높은 벼슬을 얻고 땅부자가 된 사람이 있는가 하면, 힘든 세탁 일을 계속하며 가난에서 벗어나지 못하는 사람이 있다. 그 이유는 똑같은 것을 가지고도 쓰는 방법이 달랐기 때문이다.

—《장자》에서

송나라 사람은 손이 트지 않는 약을 만들어 내고도 그 비방을 제대로 이용할 줄 몰라 대대로 세탁 일에서 벗어나지 못하고 살았다. 그러나 그 비방을 산 사람은 그 약을 군사에 이용하여 왕으로부터 넓은 땅을 하사받을 수 있었다.

어떤 물건의 가치와 용도의 크고 작음은 절대적인 것이 아니다. 비록 같은 물건이라도 그 쓰임에 따라 나타나는 작용도 다르다. 그러므로 사람마다 자기의 재능을 충분히 발휘하고, 물건마다 저마다 지닌 가치를 충분히 발휘하게 하는 것이 중요하다.

우리는 어떤 물건이 지닌 각각의 기능을 최대한 활용할 줄 알아야 한다. 뿐만 아니라 사람들과의 관계에서도 자신과 다른 사람이 지닌 강점을 잘 살려서 능력을 효과적으로 발휘할 수 있게 해야 한다.

동시가 서시 흉내를?

　월나라에 사는 서시는 대단히 뛰어난 미인이었다. 그런데 그녀는 위장병을 앓고 있어서 속이 쓰릴 때면 손으로 배를 어루만지며 양 미간을 잔뜩 찌푸리곤 했다. 사람들은 괴로워하는 그 표정조차 매우 아름답다고 여겼다.

　같은 마을에 동시라는 아주 못생긴 여자가 있었다. 그녀는 마을 사람들이 모두 서시의 아름다움을 칭송하는 것을 보고 자기도 서시처럼 아름답다는 소리를 듣고 싶어서 서시를 흉내 내기

이야기 속 고사성어

- **동시효빈** 東施效矉　東 동녘 동, 施 베풀 시, 效 본받을 효, 矉 찡그릴 빈
  동시(東施)라는 못생긴 여자가 미녀 서시(西施)의 눈썹 찡그림을 본받는다는 뜻으로, 옳고 그름이나 좋고 나쁨의 판단 없이 무작정 남을 흉내 내는 것을 가리키는 말.

로 했다. 그녀는 서시처럼 손으로 배를 어루만지고 이맛살을 찌푸리면서 자기가 서시 못지않게 아름답다고 생각했다.

그러나 마을 사람들은 동시의 이 괴상한 표정을 보고 모두 기겁을 했다. 어떤 사람은 너무 보기 싫어서 아예 문을 닫아걸기도 하고, 어떤 사람은 그녀의 그림자만 봐도 달아나버렸다.

—《장자》에서

 이 이야기는 맹목적으로 남의 것을 모방하는 사람의 어리석음을 풍자하고 있다.

동시는 못생기긴 했지만, 서시를 흉내 내는 괴상한 행동을 하지 않았다면 남들로부터 비웃음을 사는 일은 없었을 것이다. 그런데 자기 주제를 모르고 무작정 서시를 따라 하는 바람에 모든 사람들에게 웃음거리가 되고 말았다. 이렇게 무턱대고 남을 흉내 내고 무분별하게 모방하면 자기 의도대로 되지도 않을뿐더러 남들의 비웃음을 사게 된다는 것을 가르쳐 주고 있다.

무릇 각 사람에게는 자기 자신만의 개성과 장점이 있으므로 그것을 포기하거나 남의 것만 맹목적으로 모방해서는 안 된다.

사마귀야, 뒤를 조심해

춘추시대 때, 오나라 왕은 초나라를 치려고 준비하면서 이렇게 말했다.

"감히 나를 막으려는 자는 용서 없이 목을 베겠다."

오나라 왕에게는 젊은 모사가 있었는데, 그는 왕에게 정면으로 간언할 수가 없어서 새벽에 후원에서 탄궁과 탄환을 가지고 이슬에 옷을 흠뻑 적시며 사방을 왔다 갔다 했다. 이런 일이 사흘 동안 계속되었다. 이것을 본 오나라 왕이 이상하게 여겨 그를 불렀다.

"이리 오너라. 너는 어찌하여 공연히 옷을 적시고 있느냐?"

젊은 모사가 대답했다.

"제가 재미있는 일을 보았습니다. 후원에 나무가 있고 그 위에 매미가 있는데, 그놈은 높은 데서 이슬을 마시면서 신명나게 노래를 부릅니다. 그러면서 바로 자기 뒤에 사마귀가 숨어 자기를 잡아먹으려고 하는 줄을 모릅니다. 사마귀는 허리를 굽혔다 폈다 하면서 갈고리 같은 두 발을 들어 매미를 잡으려 하지만, 꾀꼬리가 살그머니 뒤에서 자기를 잡아먹으려고 군침을 흘리고 있는 줄을 모릅니다. 꾀꼬리는 목을 뻗어 사마귀를 잡으려고 하지만, 누군가가 나무 아래 서서 탄궁을 들고 자기를 겨누고 있는 줄은 모릅니다. 이 작은 동물들은 눈앞의 이익만 보고 자기 뒤에 숨어 있는 재앙을 보지 못하는 것입니다."

왕이 젊은 모사의 말을 듣고 나서 말했다.

"아주 그럴듯하군."

오나라 왕은 그 이후로 전쟁 준비를 그만두었다.

— 중국 고대 우화에서

오나라 대신들은 왕이 초나라를 침공하려는 것은 명백한 착오라는 사실을 알면서도 감히 정면으로 간언할 수가 없었다. 왕이 남의 의견을 좀처럼 듣지 않는 고집불통임을 잘 알기 때문이었다. 그럴 때 한 젊은 모사가 왕의 잘못된 생각을 지혜롭게 돌려세운다.

이 우화는 오직 눈앞의 작은 이익에만 사로잡혀 뒤에 도사리고 있는 재앙을 알지 못하는 사람을 풍자하고 있다. 동시에 어떤 일을 분별없이 맹목적으로 행사하는 사람에게 던지는 경고문이기도 하다.

우리도 현실에서 이런저런 문제에 부딪히게 되는데, 그럴 때는 생각을 바꾸어 지혜롭게 대처해야 한다. 우리는 이 우화를 통해 남의 의견과 조언을 거리낌 없이 받아들일 줄 알아야 하고, 어떤 문제를 풀어나갈 때는 반드시 심사숙고해야 한다는 것을 배우게 된다. 눈앞의 이익에 마음을 빼앗겨 뒤에 닥쳐올 재앙을 잊어선 안 된다.

새가 죽은 이유

바다에 사는 새 한 마리가 노나라 성 밖에 날아와 앉았다.

바닷새를 본 적이 없는 노나라 왕은 그 새를 신조(神鳥)로 여기고 사람을 시켜 잡아오게 한 다음 절간에 모셔 놓고 귀빈처럼 공양하였다. 그는 매일 그 신성한 새를 위해 많은 사람들을 불러다 진수성찬을 차려놓고는 태평소를 불고 북을 치게 하면서 잔치를 베풀었다.

그런데 이런 호의는 도리어 새를 질겁하게 했다. 시간이 지날

수록 신조는 겁에 질려 벌벌 떨면서 온종일 고기 한 점, 물 한 모금도 먹지 않았다. 그러다가 사흘이 지나자 그 새는 결국 죽고 말았다.

—《장자》에서

노나라 왕은 바닷새를 극진히 모셨지만 그 새는 죽어버렸다. 그것은 노나라 왕이 새를 기르는 방법이 아니라 신하나 백성들이 자기를 떠받드는 방법으로 새를 공양하였기 때문이다. 문제를 해결하는 방법에 있어서 그 방향과 목적이 완전히 상반된 경우를 비유한 이야기이다.

모든 사물은 특유의 성질과 본질, 발전 법칙을 가지고 있다. 그러므로 각각의 사물에 대하여 반드시 구체적으로 깨달아 알아야 하며, 각각의 문제는 그것에 맞는 방법으로 해결해야 한다. 무조건 자기의 방법이 옳다 하여 상대방에게 그것을 강요한다면 기대했던 결과를 얻을 수 없게 된다.

생각 넓히기   특정 사물에 대해서는 구체적으로 분석하고 각각 그것에

맞는 방법으로 문제를 해결하는 것이 기본 원칙이다. 우리도 현실에서

여러 가지 문제를 해결할 때 '하나의 열쇠로 하나의 자물쇠를 여는' 지

혜가 필요하다. 그러지 않으면 문제를 정확히 해결할 수 없거나 전혀

다른 결과를 초래하게 된다.

수레바퀴를 막아선
사마귀

어느 날, 제나라 장공이 수레를 타고 산으로 사냥을 나가다가 길 한복판에 작은 녹색 곤충 한 마리가 두 발을 들고 수레바퀴와 맞설 태세로 서 있는 것을 보게 되었다. 호기심이 발동한 장공이 마부에게 물었다.

"저 벌레는 무엇이냐?"

"사마귀라는 놈입니다. 저 벌레는 나아갈 줄만 알고 물러날 줄

• **당랑거철** 螳螂拒轍 螳 사마귀 당, 螂 사마귀 랑, 拒 막을 거, 轍 바큇자국 철
사마귀가 수레바퀴를 막는다는 뜻으로, 자기의 힘은 헤아리지 않고 강자에게 함부로 덤비는 사람을 비유하는 말. '당랑지부(螳螂之斧)'라고도 한다.

은 모릅니다. 제힘은 따져보지도 않고 적을 가볍게 여긴답니다."

장공은 마부의 말을 듣고 길게 탄식하며 말했다.

"저 벌레가 사람이었다면 반드시 천하무적의 용사가 되었을 것이다!"

장공은 마부에게 사마귀가 치이지 않도록 길을 비켜 가라고 명령했다. 이 이야기를 들은 제나라 용사들은 더욱 충성을 다해 자신을 돌아보지 않고 싸웠다고 한다.

—《회남자》에서

자기 분수를 전혀 헤아리지 못하고 함부로 덤비는 사람을 풍자한 이야기이다.

사마귀가 수레바퀴에 맞서려고 무작정 덤비는 것은 자기가 가진 힘이 어느 정도인지를 몰라 오직 전진만 할 줄 알았기 때문이다. 이 우화는 우리에게 사람이라면 반드시 자기 자신을 알고 자신의 힘을 헤아려서 일을 해야 한다는 도리를 명백히 가르쳐 주고 있다.

우리는 살아가며 때로 용기와 모험이 필요하지만, 현실을 완전히 무시하거나 자기의 능력과 너무 동떨어진 일에 무모하게 뛰어 들어서는 안 된다.

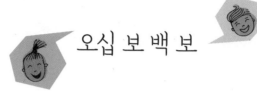

오십보백보

전국시대 양나라 혜왕은 자기 땅을 확장하기 위해 백성들을
자주 전쟁터로 내몰았다. 하루는 혜왕이 맹자에게 물었다,

"나는 나라를 위해 온 마음을 다 쏟고 있다고 생각하오. 하내
(지방 이름)에 흉년이 들면 하내의 백성을 하동으로 이사시키고, 하
동의 양식을 하내로 보내 이주하지 못한 사람들을 구제합니다.
내가 보기에 이웃 나라의 그 어느 군주도 나처럼 전심으로 백성

이야기 속
고사성어

• **오십보소백보** 五十步笑百步　五 다섯 오, 十 열 십, 步 걸음 보, 笑 웃음 소,
百 일백 백, 步 걸음 보
오십 보 도망한 사람이 백 보 도망한 사람을 비웃는다는 뜻으로, 조금 낫고 못한 차이
는 있지만 본질적으로는 차이가 없음을 가리키는 말.

을 아끼는 이가 없었습니다. 그런데도 이웃 나라의 백성이 줄지 않고 나의 백성이 늘지도 않으니, 이것이 무슨 까닭입니까?"

맹자가 대답했다.

"임금께서 전쟁에 관심이 많으시니 전쟁에 비유하겠습니다. 전쟁을 시작하는 북소리가 울려 칼과 칼이 맞부딪치자 일부 병사들이 겁이 나서 도망을 갔습니다. 그렇게 어떤 사람은 백 보를 달아나고, 어떤 사람은 오십 보를 달아났습니다. 이때 오십 보 달아난 사람이 백 보 달아난 사람을 보고 비겁한 사람이라고 비웃는다면 어떻겠습니까?"

"당연히 비웃어서는 안 되지요. 백 보만큼은 아니라도 똑같이 달아났지 않습니까?"

혜왕의 말을 듣고 맹자는 이렇게 말했다

"임금께서 이 이치를 아신다면, 어떻게 이웃 나라보다 백성이 많아지기를 바라십니까?"

— 《맹자》에서

이야기
풀이

자기도 남처럼 부족하고 잘못하는 점이 있으면서, 그래도 자기는 다른 사람보다 정도가 좀 덜하다 하여 자기 자신을 낮게 여기고 남만 비웃는 사람을 비유한 이야기이다.

오십 보 달아난 사람과 백 보 달아난 사람은 걸음 수에 있어서는 차이가 있지만, 달아났다는 점에서는 본질적으로 같다. 혜왕이 다른 나라의 왕보다 백성을 조금 덜 착취했을지 몰라도 백성을 착취했다는 점에서는 차이가 없다. 만일 혜왕이 정말 나라를 사랑하고 백성을 사랑한다면 다른 나라 왕보다 덜 착취했다는 데 만족할 것이 아니라, 근본적으로 백성을 위한 정치를 베풀어야 한다. 마찬가지로 우리가 사물을 분별할 때는 표면만 볼 것이 아니라 본질적으로 같은지를 보아야 한다.

 우리 역시 현실에서 자기의 장점만 보고 만족해하거나 즐거워해서는 안 된다. 남의 부족한 점이나 과오를 보고 비웃으면서 자기를 반성하지 않으면 또한 그것이 자기의 허점이 되어 돌아오게 된다.

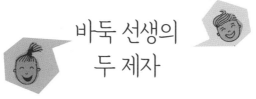

바둑 선생의
두 제자

바둑 고수인 혁추에게는 바둑을 배우는 두 제자가 있었다. 혁추는 자기의 바둑 기술을 제자에게 전수하려고 그들에게 전심전력을 다해 가르쳤다.

두 제자 중 한 사람은 바둑에 온 정신을 쏟으며 조용히 그의 가르침을 들었다. 그런데 다른 한 사람은 강의 시간에 단정히 앉아 두 눈으로는 바둑판을 보고 있었지만, 마음속으로는 '지금 당장 들에 나가 기러기 한 마리를 잡아 맛있는 요리를 해 먹으

- **전심치지** 專心致志 專 오로지 전, 心 마음 심, 致 다다를 치, 志 뜻 지
  온 정신을 한곳에 집중한다는 뜻.

면 얼마나 좋을까' 하면서 화살을 날려 기러기 잡을 궁리만 하고 있었다.

그 결과 한 스승에게 똑같이 같은 바둑 기술을 배웠음에도 불구하고, 한 제자는 진도가 빨라 바둑의 고수가 된 반면, 다른 한 제자는 아무 기술도 배우지 못했다.

—《맹자》에서

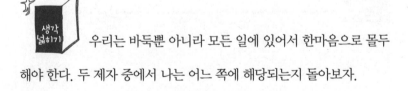

이 우화는 우리에게 무슨 일을 하든지 반드시 전심전력으로 집중해야 한다는 교훈을 준다.

혁추 선생은 두 제자에게 똑같이 바둑 기술을 가르쳤지만, 결과는 한 사람은 바둑의 고수가 되고, 한 사람은 아무 기술도 배워 내지 못한 것으로 나타났다. 그 원인은 한 제자는 스승의 가르침에 전심전력으로 집중했고, 다른 한 제자는 스승의 가르침을 듣지 않고 딴생각을 했기 때문이었다. 마음을 딴 데 두고 한눈을 팔면 아무것도 이룰 수 없다.

우리는 바둑뿐 아니라 모든 일에 있어서 한마음으로 몰두해야 한다. 두 제자 중에서 나는 어느 쪽에 해당되는지 돌아보자.

숫자 채우기

제나라의 군주였던 선왕은 피리 합주 듣기를 매우 좋아하여 300여 명으로 악단을 구성하여 연주를 하게 했다. 하루는 남곽 선생이라는 사람이 찾아와서 자기는 피리 부는 재주가 그 누구보다 뛰어나다고 자랑했다. 그러자 선왕은 기뻐하며 아무런 검증도 없이 그를 악단에 넣었다. 그리하여 남곽 선생은 피리 부는 사람들 틈에 끼어 피리 부는 흉내만 내면서 봉급을 받았다.

이야기 속 고사성어

• **남우충수** 濫竽充數 濫 넘칠 남(람), 竽 피리 우, 充 채울 충, 數 셈 수
  남아도는 악사(樂士)로 머릿수를 채운다는 뜻으로, 무능한 사람이 재능이 있는 체하거나 외람되게 높은 벼슬을 차지하는 것을 말함.

나중에 선왕이 죽고 민왕이 왕위에 올랐는데, 민왕은 한 사람씩 돌아가며 피리를 연주하는 것을 좋아했다. 남곽 선생은 자기의 피리 실력이 들통 날까 봐 보따리를 싸서 한밤중에 줄행랑을 쳤다.

— 《한비자》에서

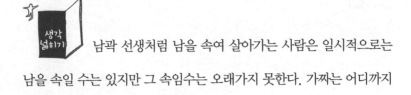

대단한 재간도 없는 사람이 남들 속에 끼어 머릿수만 채우거나 품질 좋은 물건들 속에 좋지 않은 물건을 뒤섞는 행위를 비유한 이야기이다.

이 우화에서 우리는 두 가지 교훈을 얻을 수 있다. 첫 번째는 남곽 선생처럼 아무 능력 없이 사람들 틈에 끼어 숫자만 채우는 사람은 결국 정체가 드러나고 만다는 것, 두 번째는 제나라의 선왕처럼 인재 선발의 과정을 소홀히 하면 남곽 선생같이 무능한 사람이 그 허점을 이용하게 된다는 것이다.

남곽 선생처럼 남을 속여 살아가는 사람은 일시적으로는 남을 속일 수는 있지만 그 속임수는 오래가지 못한다. 가짜는 어디까지나 가짜이기에 실제로 검증을 할 경우 그 그물망을 벗어나지 못한다.

우리가 어떤 일을 성취할 수 있는 유일한 방법은 꾸준히 배우고 확실한 능력을 갖추는 것이다. 그래야만 그 어떤 시험도 통과할 수 있다.

농사일은 안 하고 토끼만 기다려

송나라의 한 농부가 밭에서 일을 하고 있었다. 그때 마침 토끼 한 마리가 쏜살같이 달려가다가 밭 가운데에 있는 나무 그루터기에 부딪혀 목이 부러져 죽었다. 농부는 힘들이지 않고 토끼 한 마리를 얻게 되었으므로 기분이 좋아서 집으로 돌아갔다.

그 뒤부터 농부는 일할 생각은 안 하고 호미를 내려놓은 채 날마다 그 그루터기를 지켜보며 토끼를 기다렸다. 가꾸지 않아서

이야기 속 고사성어

• **수주대토** 守株待兎 守 지킬 수, 株 그루 주, 待 기다릴 대, 兎 토끼 토
그루터기를 지켜 토끼를 기다린다는 뜻으로, 어떤 착각에 사로잡혀 안 될 일을 고집하는 어리석고 미련한 사람을 비유한 말.

밭에는 잡초가 무성해졌지만, 토끼가 그루터기에 부딪히는 일은 두 번 다시 일어나지 않았다. 결국 농부는 토끼도 잡지 못하고 밭만 묵히고 말았다.

—《한비자》에서

이 우화는 노력으로 성공을 거두려 하지 않고, 단지 요행만을 바라는 사람, 편협한 자기 경험만 고집하는 융통성 없는 사람을 비유하고 있다.

우화 속의 농부는 우연히 일어난 일을 가지고 필연적으로 발생한 일이라 여기며 그 일이 다시 일어나기만 기다린다. 미련하고 어리석기 짝이 없는 일이다. 땀 흘리는 수고 없이는 아무것도 거둘 수 없음을 잘 보여 주는 이야기이다.

우리는 어떤 일에 절대로 사행심을 가져서는 안 된다. 만약 우리가 주어진 일에 최선을 다한다면 좋은 결과를 얻게 되지만, 아무 노력 없이 요행만 바라다가는 아무것도 거두지 못하고 후회만 가득 남게 될 것이다.

제2부

지혜의 힘

사나운 술집 개

송나라에 사는 어떤 사람이 술집을 차리고 오래 묵은 좋은 술을 팔고 있었다. 술집 분위기가 밝고 깔끔한 데다가 양심적으로 장사를 하였고, 문 앞에는 푸른 깃발이 걸려 있어서 나그네가 멀리서도 알아보고 찾아올 수 있었다. 또한 손님이 찾아오면 주인은 웃는 얼굴로 맞이하고 정성껏 잘 모셨다

그런데 이런 술집이라면 장사가 잘될 법한데, 손님은 오지 않고 날마다 파리만 날렸다. 주인은 아무리 생각해도 그 이유를 알

이야기 속 고사성어

- **구맹주산** 狗猛酒酸　狗 개 구, 猛 사나울 맹, 酒 술 주, 酸 실 산
  개가 사나워 손님이 오지 않아 술이 시어진다는 뜻으로, 나랏일에도 간신배가 있으면 어진 신하가 모이지 않는다는 말.

수가 없었다. 그래서 그 고을의 지혜로운 노인을 찾아갔다.

노인이 술집 주인에게 조심스럽게 물었다.

"혹시 집 지키는 개가 사납소?"

"사납지요. 그런데 그게 술 파는 일과 무슨 상관있습니까?"

술집 주인은 답답해하며 노인에게 되물었다.

노인은 수염을 쓰다듬으면서 이렇게 말했다.

"사람들은 당신의 사나운 개를 두려워하는 것입니다. 사나운 개가 지키고 있다가 사람만 보면 물려고 하니, 술맛이 아무리 좋은들 누가 마시러 가겠소?"

— 《한비자》에서

이 우화 속에 나오는 술집에는 좋은 술이 있어서 그 향기가 사방에 진동하고, 술집은 밝고 깔끔하며 주인은 손님을 정성껏 잘 모셨다. 그런데 이상하게도 찾아오는 손님이 없었다. 그 원인은 술집 문을 지키는 사나운 개 때문이었다. 그 집 앞을 지나가는 사람마다 그 개가 너무 무서워서 그 집에 들어가 술을 마실 엄두를 내지 못하는 것이었다. 어떤 장애물로 인해 앞으로 나아가지 못하거나 악한 세력이 길을 막아서 인재가 나아갈 길이 막힘을 비유한 우화이다.

겉보기에는 개와 술 사이에 아무 연관성이 없는 듯하지만, 이 둘 사이엔 밀접한 연관성이 있었다. 현실에서도 사물들 간의 연관성을 잘 발견하고 분석한다면, 근본적인 문제를 쉽게 해결할 수 있다.

귀신 그리기가
제일 쉬워

제나라 왕은 그림 그리기를 좋아했다. 하루는 여러 식객들에게 물었다.

"무슨 그림이 가장 그리기 쉬운가?"

잠시 침묵이 흐르자 한 식객이 일어나서 말했다.

"귀신을 그리는 것이 가장 쉽습니다. 개와 말은 사람마다 볼 수 있고 날마다 눈앞에 있으니 진짜처럼 똑같이 그려야 합니다.

이야기 속
고사성어

- **귀매최이** 鬼魅最易   鬼 귀신 귀, 魅 도깨비 매, 最 가장 최, 易 쉬울 이
  귀신이나 도깨비같이 형체가 없는 것이 그리기가 가장 쉽다는 뜻. 이 말을 거꾸로 해석하면 눈에 보이는 사물들은 그리기가 가장 어렵다는 뜻이 된다.

그래서 그리기가 진짜 어렵습니다. 그러나 귀신은 그림자나 형체가 없고 본 사람도 없으며 눈앞에 나타나지도 않으니 제 마음대로 그려도 되지요. 어떻게 그리든 귀신을 닮지 않았다고 증명할 사람이 없습니다. 그러므로 귀신을 그리기가 가장 쉽습니다."

우리는 그림을 그리는 것처럼 무슨 일을 하든지 반드시 현실을 바탕으로 해서 출발해야 한다. 일상생활에서 늘 보는 것들은 익숙하게 느껴지지만, 막상 하려고 하면 생각대로 쉽게 되지 않는다.

세상에서 가장 쉬운 일은 실제로 존재하지 않는 것을 꾸며 내는 것이다. 근거 없고 허황된 것이므로 아무리 꾸며 대도 상관이 없기 때문이다. 그러나 사실에 근거하여 진리를 탐구하는 것은 어려운 일이므로 노력과 정성을 들이지 않으면 안 된다.

우리가 늘 볼 수 있는 사물은 사실적으로 표현하기가 쉽지 않다. 그러므로 실재하는 그대로 그려 내기 위해서는 몇 배의 노력이 필요하다.

멀리서 온 편지

전국시대 때, 초나라 수도 영에 사는 사람이 연나라 재상인 친구에게 편지를 쓰고 있었다. 밤은 점점 깊어 가는데 어쩌다 초를 쓰러뜨려 불이 꺼지고 말았다. 그는 하인에게 '촛불을 밝혀라'라고 말하려다가 무심결에 그 말을 편지에 썼다.

편지를 받아 읽다가 엉뚱한 글귀를 본 연나라 재상은 아무리 생각을 해도 뜻을 이해할 수가 없었다. 그는 한동안 고심한 끝에 갑자기 기뻐하며 말했다.

- **영서연설** 郢書燕說 郢 초나라 서울 영, 書 글 서, 燕 연나라 연, 說 말씀 설
  초나라 영에 사는 사람의 글을 연나라 사람이 설명한다는 뜻으로, 도리에 맞지 않는 일을 억지로 끌어대어 도리에 닿도록 함을 이르는 말

"그래, 이 친구의 편지에는 깊은 뜻이 담겨 있구나. '촛불을 밝혀라'는 말은 백성의 삶을 밝게 살피라는 말인 거야. 백성의 형편을 잘 살피려면 반드시 현명한 인재를 등용해야겠지."

연나라 재상이 이 뜻을 왕에게 전했더니 왕은 고개를 끄덕이며 좋아했다. 이후 연나라는 신중하게 인재를 선발하고 등용하여 나라를 잘 다스렸다고 한다.

— 《한비자》에서

이 우화는 아무 상관없는 일들을 서로 억지로 끌어다 붙여 사실을 왜곡하는 사람을 비유한 것이다. 연나라 재상은 '촛불을 밝혀라'는 구절의 의미를 자기 마음대로 해석하여, 연나라 국력을 강성하게 만드는 좋은 결과를 가져오게 되었다. 그러나 그 결과와 상관없이 연나라 재상인 친구는 아무 상관없는 일을 억지로 끌어다 붙여서 원래 의미를 왜곡했다는 비판을 피할 수 없게 되었다. 결과가 좋으면 모든 게 다 좋다는 사고방식은 아주 위험한 것이므로 반드시 경계해야 한다.

현실이든 역사적 사실이든 그것을 해석할 때는 반드시 본래의 의미에 충실해야 한다. 연나라 재상처럼 사실과 다르게 제멋대로 해석하거나 의미를 왜곡하면 일을 그르치거나 위험한 결과를 가져오게 된다.

증자, 돼지를 잡다

춘추시대 말기에, 노나라 증자의 아내가 시장에 가려고 하는
데 아이가 따라가려고 치맛자락에 매달려 울며 보챘다. 시달리
다 못한 증자의 아내가 아이를 달랬다.

"얘야, 집에 있으렴. 엄마가 얼른 돌아와서 돼지 잡아 줄게."

아이는 울음을 그치고 집에서 어머니가 돌아오기를 기다렸다.
아내가 시장에서 돌아오니, 증자가 돼지를 끌어내어 묶어 두고
는 날이 시퍼렇게 선 칼을 들어 돼지를 잡으려고 막 서두르고 있

이야기 속 고사성어

• **증자살체** 曾子殺彘   曾 일찍 증, 子 아들 자, 殺 죽일 살, 彘 돼지 체
  증자(춘추시대의 유학자. 공자의 제자로 효심이 두터웠던 인물로 알려짐)가 돼지를 잡
  는다는 뜻으로, 자녀 교육에 있어서 약속의 중요성을 가르쳐 주는 이야기이다.

었다. 증자의 아내는 놀라서 급히 뛰어들어 증자의 팔을 잡으며 말했다.

"당신 미쳤어요? 돼지는 왜 잡는 거예요?"

"당신이 아이에게 돌아와서 돼지를 잡아준다고 하지 않았소?"

"아니, 아이를 달래려고 일부러 조금 속인 걸 가지고 진짜로 돼지를 잡으면 어떡해요?"

증자는 엄숙하게 말했다.

"어떻게 아이를 속일 수 있단 말이오. 아이들이란 아무것도 모르기 때문에 부모를 보고 따라 배우는 것이오. 지금 당신이 아이를 속이는 것은 아이에게 남을 속이도록 가르치는 것이오. 어미가 아이를 속이면 아이는 어미를 믿지 못할 것이오. 그러면 무슨 가정교육이 되겠소?"

말을 마치고, 증자는 돼지를 잡았다.

— 《한비자》에서

이야기
풀이

이 우화는 자녀 교육에 있어서 자기가 먼저 실천하여 말보다 행동으로 가르쳐야 함을 비유로 가르치고 있다. 비록 아내가 아이를 달래기 위해 대수롭지 않게 한 말이지만, 증자는 아이와의 약속을 지키기 위해 돼지를 잡았다. 그는 성실하게 신용을 지키는 언행으로 자녀를 교육하여 후대 사람들에게 훌륭한 모범을 보여 주었다.

　아이는 부모의 일거수일투족, 즉 한마디 말, 사소한 행동 하나까지 그대로 보고 배우며 성장한다. 부모가 신뢰할 수 있는 원칙을 가지고 말보다 행동으로 아이를 가르치는 것이 매우 중요하다. 무슨 일이든 성실하게 신용을 지켜야 한다.

자기 발을 못 믿어서

정나라에 사는 어떤 사람이 신발을 사러 가려고 먼저 볏짚으로 자기 발 치수를 재어 두었다. 그런데 깜박 잊고 그 볏짚을 집에 둔 채 길을 나서고 말았다. 그는 그것도 모르고 시장에 도착해 신발 가게로 들어가 마음에 드는 신발을 골랐다. 그런데 주머니에 손을 넣고 아무리 뒤져도 발 치수를 잰 볏짚이 없었다. 그는 급히 점원에게 말했다.

"내가 발 치수 재어 놓은 걸 깜박 잊고 가져오지 않았소. 빨리

**이야기 속
고사성어**

• **정인매리** 鄭人買履　鄭 정나라 정, 人 사람 인, 買 살 매, 履 신발 리
정나라 사람이 신발을 산다는 뜻으로, 현실을 고려하지 않고 원리원칙에 얽매어 융통성 없이 행동하는 사람을 비유하여 이르는 말.

집에 가서 가지고 와야겠소."

그러고는 서둘러 집으로 달려갔다.

그러나 그가 발 치수 잰 볏짚을 가지고 시장에 도착했을 때에는 이미 가게 문이 닫힌 뒤여서 결국 그는 신발을 살 수 없었다. 이 말을 들은 한 사람이 그에게 이렇게 충고했다.

"자기 신발을 살 때에는 직접 신어 보면 될 텐데 무슨 치수가 필요하단 말이오?"

그러자 신발을 사려던 사람이 이렇게 대답했다.

"나는 치수는 믿어도 내 발은 믿을 수 없소."

— 《한비자》에서

이 우화는 현실을 무시하고 원칙과 신조만 내세우는 사람들을 풍자한 것이다.

정나라 사람은 신발을 사면서 자기 발은 믿지 않고 발의 치수를 잰 볏짚만 찾다가 결국 신발도 못 사고 사람들에게 웃음거리가 되고 말았다. 이러한 태도를 '교조적'이라고 한다. '교조적'이라는 것은 역사적인 환경이나 구체적인 현실을 무시하고 자기가 정해 놓은 원칙이나 신조를 절대 변하지 않는 진리인 양 믿고 따르는 것을 의미한다.

시대와 상황은 끊임없이 변한다. 그 변화에 발맞추어 융통성 있게 행동하는 지혜가 반드시 필요하다.

독서나 다양한 교육을 통해 지식을 많이 쌓는 것도 중요하지만, 현실과 동떨어진 지식은 오히려 독이 될 수 있다. 사회 질서를 유지하기 위해서는 법이나 규율이 반드시 필요하지만, 이 또한 인권을 해치거나 인간의 삶에 위배되는 것이라면 없느니만 못하다. 그러므로 실생활에서 원칙을 중시하되 현실에 근거하여 신축성을 가지는 것이 중요하다.

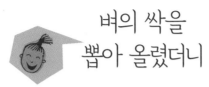

벼의 싹을 뽑아 올렸더니

송나라에 성미가 매우 급한 한 농부가 있었다. 그는 논에 심은 볏모가 너무 느리게 자라는 것이 답답했다. 그래서 어느 날, 그는 논으로 달려가 싹이 나서 자라나기 시작하는 벼를 한 포기, 한 포기 쏙쏙 뽑아 올렸다. 지쳐서 집으로 돌아온 그는 식구들에게 이렇게 말했다.

"벼가 자라게 도와주느라 오늘은 몹시 피곤하구나!"

이야기 속 고사성어

• **알묘조장** 揠苗助長 揠 뽑을 알, 苗 모 묘, 助 도울 조, 長 자랄 장
빨리 자라게 하려고 모를 뽑아 올린다는 뜻으로, 성급하게 이익을 보려다가 도리어 해를 보게 되는 경우를 일컫는 말.

아버지의 말을 들은 아들이 황급히 논으로 달려가 보니 벼는 이미 모두 말라 죽어 있었다.

―《맹자》에서

이 우화는 일을 빨리 성사시키려는 욕심 때문에 사물의 발전 원리를 거스르는 사람을 풍자하고 있다.

송나라 농부는 논에 심은 벼가 너무 느리게 자라는 것을 보고 답답하게 여겨 벼의 싹을 뽑아 올려 크게 자라난 것처럼 했다. 이런 행동은 식물의 성장 원리를 거스르는 일이므로 벼를 모조리 말라 죽게 만들었다. 무슨 일이든 열심히 최선을 다하는 것도 중요하지만 반드시 이치에 맞게 해야 한다.

자연계의 만물은 성장이나 발전 과정에 있어서 모두 자기만의 객관적인 규칙을 가지고 있다. 만약 이 객관적인 발전 규칙을 무시하고 주관적인 의도로 성급하게 일을 성사시키려고 하다가는 오히려 화를 불러올 수 있다.

창과 방패

초나라에 창과 방패를 파는 한 상인이 있었다. 그는 방패를 들고 말했다.

"자, 여러분, 이 방패를 보시오. 이 방패보다 더 단단한 것은 세상에 없소이다. 아무리 날카로운 창으로 찔러도 끄떡하지 않습니다!"

이어서 그는 창을 집어 들더니 큰소리로 말했다.

"자, 이번에는 이 창을 보시오. 이 창보다 더 날카로운 것은 없습니다. 이 창으로는 제아무리 튼튼한 방패도 다 뚫을 수 있소이

이야기 속
고사성어

• **모순** 矛盾 矛 창 모, 盾 방패 순
창과 방패라는 뜻으로, 말이나 행동의 앞뒤가 서로 일치하지 아니함을 일컫는 말.

다!”

옆에서 듣고 있던 사람이 빙긋이 웃고 나서 이렇게 물었다.

“당신 말대로라면 당신의 창은 더없이 날카로워 그 어떤 방패
도 다 뚫고 나가겠군요. 그런데 당신의 방패는 더없이 단단하여
그 어떤 창도 뚫을 수가 없어요. 그러면 당신의 창으로 당신의
방패를 찌르면 도대체 어떻게 되는 겁니까?”

그 상인은 말문이 막혀서 대답을 하지 못했다.

—《한비자》에서

사람의 말과 행동이 일치하지 않고 앞뒤가 상반되며 서로
충돌하는 것을 비유한 이야기이다.

이야기 속에 등장하는 초나라 상인은 자기가 파는 물건이 세상에서
가장 좋은 제품이라고 떠벌리다가 그만 앞뒤가 맞지 않는 말을 하고
만다.

아무리 튼튼한 방패라도 다 뚫을 수 있는 창.

제아무리 날카로운 창도 다 막아 낼 수 있는 방패.

듣고 있으면 사고 싶은 마음이 절로 들 것 같은 현란한 말솜씨이다. 그
런데 이 상인은 두 물건의 용도는 염두에 두지 않고 세상에서 제일 좋

은 물건이라고 광고하는 데만 정신이 팔려 자기가 한 말이 앞뒤가 맞지 않는다는 사실을 알아차리지 못했다.

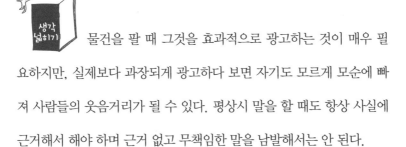

　　물건을 팔 때 그것을 효과적으로 광고하는 것이 매우 필요하지만, 실제보다 과장되게 광고하다 보면 자기도 모르게 모순에 빠져 사람들의 웃음거리가 될 수 있다. 평상시 말을 할 때도 항상 사실에 근거해서 해야 하며 근거 없고 무책임한 말을 남발해서는 안 된다.

늙은 말과 개미

제나라 재상 관중(管仲, 춘추시대 제나라의 정치가)과 대부 습붕(隰朋,
춘추시대 제나라의 대부)이 환공(桓公, 춘추시대 제나라의 15대 군주)을 따라
고죽국을 정벌하러 나섰다. 봄부터 질질 끌던 전쟁은 겨울이 되
어서야 끝났는데, 귀국하는 길에 그만 군대가 사막에서 길을 잃
었다. 그때 재상 관중이 말했다.

"늙은 말은 영물이니, 늙은 말을 앞장세우십시오."

관중의 말대로 늙은 말 몇 필을 앞세우고 따라가니 과연 길을

이야기 속
고사성어

• **노마지지** 老馬之智　老 늙을 노(로), 馬 말 마, 之 어조사(~의) 지, 智 지혜 지
　늙은 말의 지혜라는 뜻으로, 연륜이 깊으면 나름대로의 장점과 특기가 있음을 말함.

80

찾을 수 있었다.

사람과 말이 황량한 산에 이르렀다. 여러 날이 되도록 마실 물을 찾지 못해 병사들이 목이 말라 한 걸음도 움직일 수가 없었다. 그때 습붕이 말했다.

"개미는 겨울에는 양지쪽에 굴을 파고 여름에는 응달에 굴을 파는데, 개미굴은 항상 물길 위에 있습니다."

대부 습붕의 말을 듣고 군사들이 개미굴 밑을 팠더니 그의 말대로 물이 솟아 나왔다.

—《한비자》에서

관중과 습붕은 지혜가 뛰어난 사람들이었지만, 어려운 문제에 부딪히면 미물인 말이나 개미한테라도 부끄러워하지 않고 서슴없이 배울 줄 알았다. 어떤 문제에 직면했을 때 모르는 것을 부끄럽게 여기지 말고 경험 있는 사람에게 허심탄회하게 묻고 배워야 함을 가르쳐 주는 우화이다.

관중과 습붕처럼 우리도 어떤 일에 부딪히면 겸손한 자세로 사물을 잘 관찰하고 세심히 살펴 해답을 얻을 수 있어야 한다.

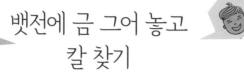

뱃전에 금 그어 놓고
칼 찾기

초나라의 어떤 사람이 배를 타고 강을 건너다가 실수로 허리에 차고 있던 칼을 물에 빠뜨렸다. 그는 칼을 떨어뜨린 뱃전에 급히 표시를 했다. 그 모습을 보고 배에 타고 있던 사람이 이상하게 생각하여 그에게 물었다.

"왜 뱃전에 표시를 합니까?"

"아! 이건 아주 중요한 표시입니다. 칼이 여기에서 빠졌거든

이야기 속 고사성어

• **각주구검** 刻舟求劍 刻 새길 각, 舟 배 주, 求 구할 구, 劍 칼 검
뱃전에 표시를 해놓고 칼을 찾는다는 뜻으로, 판단력이 둔하여 융통성이 없고 세상일에 어둡고 어리석음을 비유한 말.

요."

잠시 뒤 배가 언덕에 닿았다. 그는 표시해 둔 뱃전에서 물속으로 들어가 이리저리 칼을 찾았다. 배는 움직여도 물속에 떨어진 칼은 배를 따라 움직이지 않는다는 것을 그는 모르고 있었다.

—《여씨춘추》에서

이 이야기 속에는 배를 타고 가다가 물속에 칼을 떨어뜨린 사람이 주인공으로 등장한다. 그는 배가 나루터에 도착해서 멈추면 칼을 찾겠다는 생각을 하고 칼을 떨군 뱃전에 표시를 해둔다. 떨어뜨린 칼은 물속에 정지해 있고, 자기가 뱃전에 해놓은 표시는 배와 함께 움직인다는 사실을 깨닫지 못한 것이다.

사물이 발전, 변화하는 원리를 모르고 고정된 상태에서만 바라보고 이해하는 융통성 없는 사람을 꼬집는 우화이다.

세상만사는 끊임없이 발전, 변화하므로 어떤 문제를 해결할 때는 반드시 변화의 규칙을 파악하고 실제 상황에 근거하여 지혜롭게 대응해야 한다. 공부할 때도 고정관념을 버리고 열린 눈으로 문제를 볼 수 있어야 한다.

죽은 사람 살리는
능력을 가진 사람

춘추시대 때, 노나라에 공손작이라는 사람이 있었는데, 그는 의술을 좀 배웠다고 사람들에게 이렇게 큰소리쳤다.

"나는 죽은 사람도 살려낼 수 있소!"

사람들이 신기하게 여겨 물었다.

"무슨 수로 그럴 수 있소?"

그는 이렇게 대답했다.

"나는 평소에 반신불수 병을 치료하는데, 약을 두 배로 쓰면

이야기 속 고사성어

- **기사회생** 起死回生　起 일어날 기, 死 죽을 사, 回 돌아올 회, 生 날 생
  죽은 사람이 일어나 다시 살아난다는 뜻.

죽은 사람을 살려낼 수 있지 않겠소?"

—《여씨춘추》에서

 이 우화는 사물의 본질을 근본적으로 파악하지 못하고 가능성이 전혀 없는 일을 해낼 수 있다고 믿는 어리석은 사람을 꼬집은 이야기이다.

반신불수와 죽은 사람은 본질적으로 다른데, 공손작은 이런 본질적인 차이를 수량상의 차이로 이해하고 그것이 가능한 일이라고 믿는 잘못을 저지르고 있다.

모든 사물은 자기 고유의 특징과 규칙을 가지고 있으므로 그것을 잘 파악하고 대처해야만 일을 정확하게 처리할 수 있다.

한단에서
걸음걸이 배우기

연나라 수릉에 사는 한 젊은이는 걸음걸이가 무척 흉했다. 어느 날, 그는 조나라 수도 한단에 사는 사람들의 걸음걸이가 반듯해서 보기 좋다는 이야기를 듣고 산 넘고 물 건너 한단을 찾아갔다.

젊은이는 온갖 고초를 겪으며 한단에 도착했다. 과연 번화한

이야기 속 고사성어

- **한단지보** 邯鄲之步 邯 조나라 서울 한, 鄲 조나라 서울 단, 之 어조사(~의) 지, 步 걸음 보
한단의 걸음걸이라는 뜻으로, 제 분수를 잊고 무턱대고 남을 흉내 내다가 이것저것 다 잃음을 비유하여 이르는 말.

거리를 오가는 사람들의 걸음걸이가 아주 반듯하여 일거수일투
족이 모두 우아한 기품을 보여주었다. 젊은이는 행인들의 걸음
걸이를 흉내 내기 시작했다.

그러나 며칠이 지나도 그의 걸음걸이는 여전히 뒤틀려 있었
다. 그는 자신의 못된 버릇이 너무 뿌리가 깊어서 쉽게 고쳐지지
않는다고 여겼다. 그는 활발하게 걸어가는 아이들과 얌전히 걸
어가는 여인들의 걸음걸이까지 따라 하면서 반달이 넘도록 걸음
걸이를 열심히 배웠다. 그러나 그 젊은이는 한단 사람들의 걸음
걸이를 배우기는커녕 원래의 자기 걸음걸이까지 몽땅 잊어버리
고 말았다. 그래서 그가 연나라 수릉으로 돌아갈 때는 손발을 어
쩌지 못하고 기어갔다.

— 《장자》에서

수릉에 사는 젊은이가 새로운 걸음걸이를 배우지 못한 것
은 우선 어떠한 걸음걸이를 배워야 할지가 명백하지 않고, 또한 명확한
주관도 없으면서 닥치는 대로 배우려 했기 때문이다. 지식을 배우는 것
도 마찬가지이다. 우선 목표를 정하고 분류하여 하나하나 배워 나갈 때
지식이 누적되고 목표를 달성하게 된다.

생각 넓히기 남의 장점은 반드시 배워야 하지만, 아무 생각 없이 맹목적으로 따라 해서는 안 된다. 목적이 명확하고 필요에 따라 선택하여 바르게 배워야 한다. 그러지 않고 억지로 배운다든가 심지어 자기 자신까지 잃어버려서는 안 된다.

'동시가 서시 흉내를?'과 '한단에서 걸음걸이 배우기'의 두 우화는 내용상 비슷한 점이 있기는 하지만 요점은 같지 않다. '동시가 서시 흉내를?'이 맹목적인 모방을 강조했다면, '한단에서 걸음걸이 배우기'는 잘못된 학습 방법의 문제를 강조했다. 그러므로 그 차이점을 잘 이해하고 받아들일 필요가 있다.

이의 심장을 꿰뚫는
활 솜씨

고대의 유명한 궁사인 감승에게 비위라는 제자가 있었다. 제자는 열심히 노력하여 스승을 훨씬 능가하는 실력을 가지게 되었다.

어느 날, 기창이라는 사람이 활쏘기를 배우려고 비위를 찾아갔다. 비위는 그에게 이렇게 말했다.

"너는 먼저 어떤 상황에서도 눈을 깜빡이지 않는 법을 배워야

이야기 속
고사성어

• **관슬지기** 貫蝨之技 貫 꿸 관, 蝨 이 슬, 之 어조사(~의) 지, 技 재주 기
  화살을 쏘아 이를 꿰뚫는 재주라는 뜻으로, 활을 쏘는 재주가 입신의 경지에 다다랐음을 가리키는 말.

한다. 그런 다음에야 활쏘기에 대해서 말할 수 있다."

기창은 집으로 돌아와 비위가 말한 대로 아내의 베틀 밑에 드러누워 북이 왔다 갔다 하는 것을 눈 깜빡이지 않고 바라보았다. 이렇게 2년 동안 훈련하자 끝이 날카로운 송곳이 눈동자를 찌르려 해도 눈을 전혀 깜빡이지 않게 되었다. 그는 이 사실을 비위에게 알리려고 흥분하여 뛰어갔다. 비위는 고개를 설레설레 흔들며 이렇게 말했다.

"아직 안 되네. 다음에는 눈의 힘을 길러야 활쏘기에 대해 말할 수 있네. 아주 작은 물체도 아주 크게 보이고 어렴풋한 목표물도 분명히 볼 수 있게 되거든 그때 다시 찾아오게."

집으로 돌아온 기창은 이 한 마리를 잡아 소의 꼬리털에 매단 뒤, 그것을 창문 위에 걸어두고 날마다 남쪽을 향해 눈도 깜빡이지 않고 바라보았다. 열흘쯤 지나자 이가 점점 더 분명히 크게 보이더니 3년 뒤에는 마침내 수레바퀴만큼 크게 보였다. 다른 작은 물건도 마찬가지로 언덕만큼 크게 보였다. 그는 연나라에서 생산한 쇠뿔로 만든 활에 초나라에서 나는 쑥대로 만든 화살을 메워서 이를 쏘았다. 활시위 소리와 함께 날카로운 화살이 이의 심장을 꿰뚫었지만, 소 꼬리털은 여전히 공중에 매달려 있었다.

그는 다시 비위에게 달려가 이 사실을 알렸다. 비위는 그의 말을 듣고 뛸 듯이 기뻐하면서 그의 어깨를 두드리며 말했다.

"축하하네. 자네는 이제 기술을 완벽하게 습득했네."

—《열자》에서

기창은 활쏘기를 배우려고 전후 5년이라는 긴 세월을 모두 시력을 훈련하는 데 보냈다. 지루하고 긴 시간이었지만, 그는 끝까지 견뎌 내어 끝내는 성공하였다. 배움의 자리에서는 반드시 성실하게 배우고 열심히 연마하며 고생을 두려워하지 않고 끝까지 참아 내야 다른 사람보다 뛰어난 성적을 거둘 수 있게 된다는 것을 보여주는 우화이다.

이 우화의 주인공처럼 어떤 어려움이 있더라도 포기하지 않고 끝까지 노력하는 사람은 언젠가 반드시 성공의 열매를 거두게 된다.

귀 막고 방울 훔치기

진나라의 대부 범씨네 집 대문에는 맑은 소리가 나는 방울이
달려 있었다. 어느 날, 어떤 사람이 대문에 걸려 있는 그 방울을
보고 훔칠 생각을 했다.

그런데 그 방울을 떼어 내자면 방울에서 소리가 나지 않겠는
가? 한참 궁리한 끝에 한 가지 수가 떠올랐다.

'방울 소리가 이 일에 걸림돌이 되는 것은 귀가 그 소리를 들을
수 있기 때문 아니겠는가. 만약 귀를 막아버린다면 방울 소리를

이야기 속 고사성어

- **엄이도령** 掩耳盜鈴   掩 가릴 엄, 耳 귀 이, 盜 훔칠 도, 鈴 방울 령
  귀를 막고 방울을 훔친다는 뜻으로, 남의 말을 듣기 싫어하는 독선적이고 어리석은 사
  람을 비유하여 쓰는 말.

들을 수 없지 않겠는가?'

그는 자기의 귀를 막고 방울을 훔치러 갔다. 방울을 떼어 내는 순간 방울 소리가 딸랑딸랑 울렸다. 그는 그 소리를 듣고 달려온 주인에게 발각되고 말았다.

— 《여씨춘추》에서

방울을 훔칠 때 자기의 귀를 막는 것은 자기 자신을 속이는 매우 어리석은 행위이다. 이 우화는 어떤 일을 할 때 스스로 똑똑한 체하여 자신을 속이고 남을 속이려 하지만, 결국 그 일로 인해 낭패를 당하는 것은 자기 자신임을 가르쳐 주고 있다.

'귀 막고 방울 훔치기'는 자기 자신을 속이고 남도 속이는 행위를 비유한 이야기이다. 학생이 공부를 하는 과정에서 모르는 것을 아는 척하는 것 역시 자기 자신을 속이고 남까지 속이는 일임을 알아야 한다.

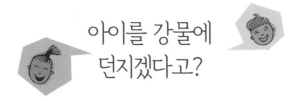

아이를 강물에
던지겠다고?

어느 날, 어떤 사람이 강변을 걸어가다가 한 중년남자가 어린 아이를 강에 던지려고 서두르는 것을 보았다. 아이는 기겁을 하고 울부짖었다. 행인은 중년 남자에게 다급히 물었다.

"어찌하여 당신은 그 어린애를 강에 던지려고 하오? 그 애가 물에 빠져 죽으면 어쩌려고 그러오?"

그러자 중년 남자가 대답했다.

"걱정할 것 없소! 이 애의 아버지가 수영에 아주 뛰어난 사람이라오."

행인이 말했다.

"아버지가 헤엄을 치면 그의 아이도 틀림없이 헤엄을 칠 수 있단 말이오?"

— 《여씨춘추》에서

이 우화는 우리에게 가능성(아버지가 헤엄칠 수 있으니 아들도 헤엄칠 수 있다)과 현실성(아들이 헤엄을 못 칠 수도 있다)에 대한 문제를 반드시 정확하게 판단해야 함을 가르쳐주고 있다.

이야기 속의 중년 남자는 확실한 사실도 모르면서 '아이 아버지가 헤엄을 칠 수 있으면 아들도 헤엄을 칠 수 있다'는 자기의 주관적인 판단만 믿고 어린아이를 강에 던지려는 그릇된 행동을 하고 있다. 주관적인 억측만 가지고 행동하는 것이 얼마나 위험한 일인가를 잘 보여주는 우화이다.

우리 역시 실생활에서 어떤 일을 할 때 반드시 사실에 근거해서 시작해야 한다. 만약 주어진 상황에 변화가 생겼을 때는 우리 역시 거기에 맞추어 생각을 바꿔야 한다. 그러지 않으면 일을 그르치게 되고 훗날 괴로운 상황이 벌어질 수 있다.

입술이 없으면
이가 시린 법

춘추시대 때, 진나라가 영토 확장을 위해 괵나라를 치려면 반드시 이웃 나라인 우나라를 지나가야만 했다. 진나라 헌공은 우나라 왕에게 수극 지방에서 나는 진귀한 벽옥을 바치며 길을 빌려 달라고 부탁했다. 그러자 우나라 대부 궁지기(宮之奇)가 왕에게 간언을 했다.

"그들의 요구를 들어주어서는 안 됩니다. 우리 나라와 괵나라

이야기 속
고사성어

• **순망치한** 脣亡齒寒   脣 입술 순, 亡 망할 망, 齒 이 치, 寒 찰 한
입술을 잃으면 이가 시리다는 뜻으로, 가까운 사이의 한쪽이 망하면 다른 한쪽도 그 영향을 받아 온전하기 어려움을 비유하여 이르는 말.

는 입술과 이 같은 관계입니다. 입술이 없으면 이가 시린 법입니다. 입술이 없는데 이가 어떻게 지탱할 수 있겠습니까? 우리 나라가 괵나라와 서로 돕는 것은 서로에게 은덕을 베풀기 위한 것이 아닙니다. 우리의 생존을 위한 것입니다. 지금 진나라가 괵나라를 치도록 내버려둔다면, 다음에는 우리 나라가 망하게 될 것입니다."

우나라 왕은 궁지기의 말을 외면한 채, 진나라 헌공이 준 벽옥을 받고 길을 빌려주었다. 괵나라를 빼앗은 진나라는 돌아오는 길에 우나라를 쳤다.

—《여씨춘추》에서

이야기
풀이

식견이 좁은 우나라 왕은 오직 눈앞의 이익에 눈이 멀어 진나라 헌공이 품고 있는 야심을 보지 못했다. 그에게 길을 빌려주는 것이 자기 나라의 존망과 밀접한 관계가 있음을 전혀 생각지 못하고 진나라에게 길을 빌려줌으로써 결국은 나라를 잃게 되는 비극을 초래했다. 서로의 관계가 밀접하면서 이해가 얽혀 있는 것을 비유한 이야기이다.

눈앞의 이익만 생각하여 멀리 앞을 보지 않으면 당장 얻은 이익에 비할 수 없는 큰 손해가 닥칠 수 있다. 그러므로 어떤 일을 결정할 때는 그 일과 관련된 주변 상황과 상호 관계를 잘 살펴서 신중하게 판단해야 한다.

호랑이의 위세를 빌린 여우

호랑이가 숲 속에서 먹을 것을 찾다가 여우를 잡았다. 여우는 호랑이의 발톱 밑에서 소리를 질렀다.

"네가 감히 나를 잡아먹으려 하다니! 나는 하느님께서 모든 짐승들을 관리하도록 파견한 몸이시다. 네가 나를 잡아먹는 것은 하늘의 뜻을 어기는 대역무도한 짓이다."

그 말을 듣고 호랑이가 반신반의하자, 여우가 급히 말했다.

이야기 속 고사성어

- **호가호위** 狐假虎威 狐 여우 호, 假 거짓 가·빌릴 가, 虎 범 호, 威 위엄 위
  여우가 호랑이의 위세를 빌린다는 뜻으로, 남의 권력을 등에 업고 위세를 부리는 것을 이르는 말.

"못 믿겠다면 좋다! 내가 너를 데리고 짐승들 앞을 한 바퀴 돌아보겠다. 그들이 나를 얼마나 두려워하는지 보아라."

여우는 으스대며 앞에서 걷고, 호랑이는 이리저리 둘러보면서 여우 뒤를 따랐다. 산속의 짐승들은 멀리서 호랑이가 오는 것을 보고 비명을 지르며 정신없이 달아났다. 호랑이는 모든 짐승들이 자기를 두려워한다는 것을 모르고, 여우를 두려워하는 것으로 착각하여 여우에게 넙죽 엎드려 굴복하였다.

—《전국책》에서

호랑이는 여우를 앞세우고 가다가 숲 속의 짐승들이 비명을 지르며 달아나는 것을 보고, 그들이 여우가 무서워서 그러는 거라고 생각한다. 그래서 그 역시 여우에게 엎드려 절을 하고 만다. 그런 잔꾀로 여우는 죽음의 위기에서 벗어날 수 있었지만, 호랑이는 숲 속 동물들에게 웃음거리가 되고 만다.

이 이야기에서 유래한 '호가호위'는 현실에서 자주 쓰이는 고사성어로 남의 위세를 빌려 약자를 억압하고 우쭐대는 사람과 남에게 이용당하고도 그 사실을 모르는 어리석은 사람을 동시에 풍자하고 있다.

우리는 이 우화를 통해 현실에서 여우처럼 권력자를 등에 업고 위세를 부리는 사람을 구별할 줄 알아야 한다는 교훈을 얻게 된다. 상황에 따라서는 여우처럼 생명이 위급할 때 정신을 차리고 지혜롭게 위기를 벗어날 줄 아는 위기관리 능력도 배워야 한다.

제3부

결국은
본질이 중요하다

 발 달린 뱀

초나라의 한 귀족이 조상에게 제사를 지낸 후 일꾼들에게 대접하려고 술 한 병을 내놓았다. 일꾼은 많고 술은 한 병뿐이니 누가 마신단 말인가? 일꾼들이 반나절 동안 의논해 보았지만 뾰족한 수가 나지 않았다. 그때 누군가 이렇게 제안했다.

"제각기 땅에다 뱀을 그려서, 제일 빨리 그리는 사람에게 그 술을 마시게 하는 것이 어떻겠소?'

그 방법이 그럴듯하여 모두들 찬성하였다.

한 젊은이가 순식간에 뱀을 다 그렸다. 술은 당연히 그에게 돌아갈 참이었다. 그런데 그가 왼손에는 술병을 거머쥐고, 오른손에 그림 그리던 나뭇가지를 쥔 채 의기양양해서 이렇게 말했다.

"아니, 어째 그렇게들 느리단 말이오! 나는 그동안 발까지 몇 개 그려 넣겠소이다!"

그가 뱀의 발을 그리고 있을 때, 다른 한 사람이 뱀을 다 그리고는 그 술병을 후딱 빼앗아 쥐고 말했다.

"뱀에게 발이 없는데 왜 발을 그려 넣소? 그러니 제일 먼저 뱀을 그린 사람은 당신이 아니라, 나요!"

—《전국책》에서

이 우화는 쓸데없는 말이나 군더더기를 덧붙이는 바람에 승리의 기회를 잃게 된 사람을 비유한다.

세상에는 도마뱀처럼 발 있는 뱀이 분명히 존재하지만, 우리가 흔히 말하는 뱀에겐 발이 없다. 그러므로 이 문제를 가지고 옥신각신할 필요가 없다. 이 우화가 주는 교훈은 스스로 똑똑한 척하지 말아야 한다는 것이다. 사람들은 흔히 어떤 일에서 조금 앞서면 일시적인 성취감으로 우쭐대다가 일을 그르치기도 하고 낙심하기도 하는데, 반드시 끝까지 긴

장을 늦추지 않아야 그 기세를 유지할 수 있다.

무슨 일을 하든지 객관적인 사실을 존중하고 사실에 근거해서 해야 한다. 그러지 않고 스스로 똑똑한 체하며 제멋대로 하다가는 도리어 일을 망치게 된다.

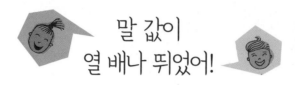

말 값이
열 배나 뛰었어!

　어떤 사람이 준마 한 마리를 팔려고 시장으로 끌고 가 사흘 동안 서 있었지만, 사려는 사람은 물론 말의 값을 묻는 사람조차 없었다. 말을 팔려던 그 사람은 고민 끝에 준마를 알아보는 명인 백락을 찾아보기로 했다.

　"제게 준마 한 마리가 있는데, 사흘 동안 팔려고 했지만 아무도 사려고 하질 않습니다. 번거롭게 해드려 죄송합니다만, 저를

이야기 속
고사성어

- **마가십배** 馬價十倍　馬 말 마, 價 값 가, 十 열 십, 倍 곱 배
　말의 값이 열 배로 뛴다는 뜻으로, 알아주는 사람이 있어야 능력을 드러낼 수 있음을 일컫는 말.

좀 도와주십시오. 잠시만 서서 제 말을 좀 살펴봐 주고 가십시오. 반드시 사례를 하겠습니다."

시장으로 간 백락은 말 곁을 지나가면서 말을 보고 또 돌아보았다.

얼마 지나지 않아, 백락이 그 말을 돌아보고 갔다는 소문을 들은 사람들이 벌떼처럼 몰려와 서로 말을 사겠다고 하는 바람에 그 말 값이 당장 열 배로 뛰었다.

— 《전국책》에서

이 우화는 자기를 알아주고 자기가 가진 물건의 가치를 알아주는 사람을 만나는 것은 매우 중요하다는 사실을 가르쳐 주고 있다.

준마 값이 열 배 뛰어오른 것은 다름 아닌 준마를 알아보는 명인 백락 덕분이었다. 우리는 무슨 일을 처리할 때 남으로부터 존경을 받거나 인정을 받으려면 백락처럼 반드시 진정한 실력을 갖추어야 한다.

숨겨져 있던 명품이 그 가치를 아는 명인을 만나면 값이 천정부지로 뛰어오른다. 이런 사례들은 명품을 식별하는 안목을 가진 권위자나 명인의 힘이 얼마나 큰가를 잘 설명해 준다. 물론 그렇다고 해서 그 말을 맹목적으로 신뢰하거나 자신의 판단을 가볍게 여겨서는 안 된다.

남쪽으로 가야 할 사람이
왜 북쪽으로?

전국시대 때, 위나라에 사는 어떤 사람이 남쪽에 있는 초나라로 가려고 했다. 그는 말을 타고 북쪽을 향해 출발하면서 길 가는 사람에게 이렇게 말했다.

"나는 지금 남쪽, 초나라로 가는 길입니다."

이 말을 들은 행인이 그에게 말했다.

"초나라로 가려면 남쪽으로 가야지, 왜 반대편으로 가고 있

이야기 속 고사성어

• **남원북철** 南轅北轍　南 남녘 남, 轅 끌채 원, 北 북녘 북, 轍 바큇자국 철
수레의 끌채는 남쪽을 향하고 바퀴는 북쪽으로 간다는 뜻으로, 마음과 행동이 모순됨을 비유한 말.

소?"

"상관없어요. 내게는 아주 잘 달리는 좋은 말이 있으니까요."

"당신의 말이 아무리 잘 달려도 북쪽으로 가면 절대 초나라에 갈 수가 없어요."

"여비가 충분한걸요."

"당신에게 여비가 많아도 소용없어요. 이 길은 초나라로 가는 길이 아니오."

"내게는 말을 잘 모는 마부가 있습니다. 그는 재간이 아주 대단하답니다. 그러니 못 갈 것 없지요."

—《전국책》에서

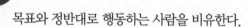

목표와 정반대로 행동하는 사람을 비유한다.

위나라 사람은 여러 가지 좋은 조건을 갖추고 있지만, 초나라가 아닌 다른 방향으로 가고 있기 때문에 영원히 초나라에 갈 수 없을 것이다. 무슨 일이든 정확한 방향을 세우는 것이 가장 중요하다. 만약 시작할 때부터 방향이 틀렸다면, 아무리 조건이 뛰어나고 아무리 노력을 많이 한다 하더라도 목표에 도달하기는 불가능하다.

어떠한 일을 할 때에는 정확한 방향과 목표를 설정하는 것이 가장 우선되어야 한다. 그러지 않으면 아무리 좋은 조건을 갖추고 있다 할지라도 근본적으로 목적을 이룰 수가 없다.

어부만 수지맞았네

커다란 조개 하나가 모래톱으로 천천히 기어 나와 껍데기를 벌리고 아주 만족스럽게 햇볕을 쬐고 있었다. 이때 강변으로 날아온 도요새 한 마리가 흰 살을 드러내 놓고 있는 조개를 보고 좋아라 하면서 길고 뾰족한 부리로 내리 쪼았다. 깜짝 놀란 조개는 순간 껍데기를 닫아 뾰족한 도요새 부리를 단단히 물었다. 도요새는 필사적으로 조개를 뿌리치려 했지만, 조개는 도요새의 부리를 단단히 물고는 조금도 양보하지 않았다. 화가 난 도요새가

이야기 속
고사성어

- **어부지리** 漁夫之利 漁 고기 잡을 어, 夫 사내 부, 之 어조사(~의) 지, 利 이로울 리
  어부의 이득이란 뜻으로, 쌍방이 다투는 사이 엉뚱한 제3자가 이득을 챙긴다는 말.

조개를 위협하며 말했다.

"오늘 비가 오지 않으면 너는 모래톱에서 말라 죽을 거야."

조개도 지지 않고 말했다.

"너도 오늘 내일 중으로 부리를 빼지 못하면 여기서 굶어 죽을 걸."

도요새와 조개는 서로 조금도 지지 않고 지칠 때까지 온 힘을 다해 싸웠다.

그때 그물을 들고 강가로 나온 어부가 싸우고 있는 도요새와 조개를 전혀 힘들이지 않고 잡아서 다래끼에 쑤셔 넣었다.

—《전국책》에서

도요새와 조개가 싸울 때, 어부가 뜻밖의 이득을 챙기게 되었다. 이처럼 양쪽이 이득을 위해 조금도 양보하지 않고 싸우기만 한다면, 결국 도요새와 조개처럼 양쪽 다 비참한 처지가 되고, 엉뚱하게 제3자가 이득을 취하게 될 것이다.

'어부지리'는 쌍방이 서로 다투는 가운데 제3자가 뜻밖의 이익을 차지하는 경우를 비유한 고사성어로서, 중국에서는 '어부지리'라 하지 않고 '휼방상쟁(鷸蚌相爭)'이라고 쓴다.

도요새와 조개가 서로 양보하여 싸우지 않고 제 갈 길을 갔더라면, 어부는 아무 이득을 얻지 못했을 것이다. 이 우화는 사람을 대함에 있어서 자기 욕심만 내세우지 말고, 서로 양보하고 너그럽게 대하는 것이 서로를 위하는 일이라는 것을 우리에게 가르치고 있다.

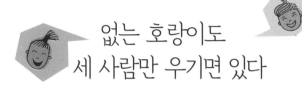

없는 호랑이도
세 사람만 우기면 있다

위나라 왕은 태자를 조나라의 인질로 보내면서 방공을 함께 보냈다. 방공이 떠날 때, 위 왕에게 이렇게 말했다.

"어떤 사람이 뛰어와서 저잣거리에 호랑이가 나타났다고 보고하면 믿으시겠습니까?"

"믿지 못하겠소. 저잣거리에 어떻게 호랑이가 나타난단 말이오."

"두 번째 사람이 달려와 저잣거리에 호랑이가 나타났다고 하면 믿으시겠습니까?"

왕은 잠시 망설이다가 여전히 고개를 흔들며 못 믿겠다고 말했다. 방공이 다시 왕에게 물었다.

"곧이어 세 번째 사람이 달려와 저잣거리에 호랑이가 있다고 한다면 믿으시겠습니까?"

왕은 고개를 끄덕이며 말했다.

"믿어야지요. 세 사람이나 그렇게 말하는데 거짓일 리가 있겠소?"

방공이 일어나 말했다.

"저잣거리에 호랑이가 있을 수 없다는 것은 누구나 알고 있습니다. 그러나 세 사람이 있다고 하면 임금님께서도 믿으실 것입니다. 조나라 한단은 위나라에서 저잣거리보다 멉니다. 임금님 앞에서 저를 헐뜯는 사람이 어찌 세 사람뿐이겠습니까? 시비를 분명히 판단하시기 바랍니다."

과연 방공이 짐작한 대로 그가 떠나자 왕 앞에서 많은 사람들이 근거 없는 소문을 퍼뜨렸다. 후에 그가 한단에서 돌아왔으나 왕은 그를 부르지 않았다.

—《전국책》에서

이 우화는 꾸며낸 헛소문이라 해도 여러 사람이 말하거나 거듭 반복해서 말하면 사실로 믿고 받아들이는 사람을 비유해서 보여 주고 있다. 사람을 대할 때나 일을 처리할 때, 섣불리 남의 말만 믿지 말고 여러 방면으로 면밀하게 조사 연구할 것을 가르쳐 준다.

생각
넓히기
어떤 소문이 진짜냐 가짜를 판단할 때는 반드시 여러 방면으로 면밀하게 조사하고 점검한 후 사실에 근거해서 정확하게 해야 한다.

섭공은 용을 좋아해

옛날 중국에 섭공(葉公)이라는 사람이 있었는데, 그는 용을 몹시 좋아하는 괴상한 취미를 가지고 있었다. 그는 집안의 대들보, 기둥, 대문과 창문에 용무늬를 새겨 넣고, 벽과 담에도 용의 형상을 생생하게 그려 놓았으며, 옷이나 휘장에도 용을 수놓았다.

섭공이 용을 몹시 좋아한다는 소문을 듣고 용이 실제로 그의 집을 방문하였다. 용이 머리를 디밀고 창문을 넘어 안으로 들어오자 꼬리가 거실에까지 드리워졌다. 그런데 진짜 용을 본 섭공

이야기 속 고사성어

• **섭공호룡** 葉公好龍 葉 성씨 섭, 公 공변될 공, 好 좋을 호, 龍 용 룡
섭공이 용을 좋아한다는 뜻으로, 겉으로는 좋아하는 것 같지만, 사실은 그렇지 않음을 보여주는 말.

은 혼비백산하여 밖으로 달아났다.

— 유향(劉向)의 편저《신서(新序)》에서

섭공은 진짜 용을 보기 전에는 용을 특별히 좋아한다고 야
단법석을 떨었지만, 정작 진짜 용이 나타나자 혼비백산하여 달아나고
만다. 입으로는 용을 좋아한다고 하나, 사실은 그렇지 않았던 것이다.
겉과 속이 다르고 언행이 일치하지 않는 사람을 풍자한 이야기이다.

현실에서 우리는 섭공처럼 표리부동한 사람이 되지 말고
말과 행동이 일치하는 사람이 되어야 한다.

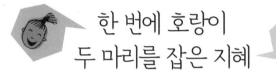

한 번에 호랑이
두 마리를 잡은 지혜

노나라의 한 지방에 호랑이가 자주 나타나 소를 잡아먹고 사
람을 해치곤 하여 큰 걱정거리가 되었다. 어느 날, 노나라 용사
변장자가 호랑이를 찔러 죽이려고 하자 객줏집 어린아이가 그를
말렸다.

"호랑이 두 마리가 이제 막 소를 잡아먹으려고 합니다. 한창
배가 고픈 터라 서로 먹으려고 다툴 것입니다. 그러면 반드시 싸

• **변장자호** 卞莊子虎 卞 성씨 변, 莊 장중할 장, 子 아들 자, 虎 호랑이 호
변장자의 호랑이라는 뜻으로, 실력이 비슷한 경우 둘을 서로 싸우게 하여 둘 다 얻는
지혜를 가르쳐 주는 이야기.

움이 날 것입니다. 두 마리가 싸우면 작은 놈은 죽고, 큰 놈도 반드시 상처를 입을 것입니다. 그때 상처를 입고 기진맥진한 놈을 찔러 죽이면, 한꺼번에 호랑이를 두 마리나 잡았다는 명성을 얻지 않겠습니까?"

변장자는 아이의 말이 그럴듯하여 가만히 기다렸다. 과연 호랑이 두 마리가 소 한 마리를 놓고 서로 으르렁대며 싸웠다. 한참 동안 싸운 끝에 작은 놈은 죽고, 큰 놈은 상처를 입고 축 늘어져 꼼짝도 하지 못했다. 이때 변장자가 칼을 빼어 상처를 입고 늘어져 있는 큰 호랑이를 찔러 죽였다. 변장자는 어린아이의 말을 듣고 손쉽게 한꺼번에 호랑이 두 마리를 잡을 수 있었다.

— 사마천의 《사기》에서

이야기
풀이

이 우화 속에 등장하는 객줏집 아이는 비록 어리지만 상황을 예리하게 분석하여 변장자가 두 마리의 호랑이를 손쉽게 잡도록 도와주었다. 변장자 역시 어린아이의 충고를 받아들여 적은 노력으로 큰 효과를 거둘 수 있었다. 두 사람 모두 총명하고 지혜롭게 행동한 결과이다.

객줏집 아이처럼, 일을 할 때 분석을 잘하고 시기를 파악

할 줄 알면 적은 노력으로 큰 효과를 얻을 수 있다.

변방 노인의 말

중국 서북 변방에 세상 이치를 잘 아는 한 노인이 살았다. 어느 날, 그 집의 말이 갑자기 국경 밖으로 달아났다. 이웃 사람들은 모두 안타까워했지만, 그 집 노인은 오히려 이렇게 말했다.

"이번 일이 좋은 쪽으로 바뀔지 어찌 알겠소?"

몇 달이 지나자, 그 집 말이 흉노의 암말 한 마리를 몰고 같이 돌아왔다. 이에 이웃 사람들이 축하를 하자, 그 노인은 이렇게

- **새옹지마** 塞翁之馬　塞 변방 새, 翁 늙은이 옹, 之 어조사(~의) 지, 馬 말 마
  변방에 사는 노인의 말이라는 뜻. 세상만사는 변화가 많아 어느 것이 재앙이 되고, 어느 것이 복이 될지 예측하기 어려워 재앙도 슬퍼할 게 못 되고 복도 기뻐할 것이 아님을 이르는 말.

말했다.

"이 일이 좋지 않은 일로 바뀔지도 모르오."

집에 좋은 말이 생기자 아들이 승마를 즐겨 했는데, 그러다가 그만 사고가 났다. 아들이 말에서 떨어져 다리를 다친 것이다. 이웃 사람들이 위로하러 오자, 그 노인은 말했다.

"이것이 좋은 일이 될지도 모르오."

1년 후, 흉노가 쳐들어왔다. 부근의 장정들은 대부분 전쟁터에 나가 열 명 중 아홉 명은 죽어서 돌아오지 못했다. 다리를 다쳐서 출정하지 못한 아들은 아버지와 함께 목숨을 건질 수 있었다.

—《회남자》에서

이야기 풀이

이 우화는 좋아 보였던 일이 시간이 지나면서 안 좋은 일로 나타날 수 있고, 나쁜 일이 상황이 바뀌면서 좋은 일로 바뀔 수도 있음을 비유한 것이다. 우리의 삶에 있어서 좋은 일, 나쁜 일의 판단 기준은 절대적인 것이 아니다. 어떤 조건에서는 불행처럼 보이는 일이 좋은 결과를 가져다줄 수 있고, 행운처럼 보이는 일 뒤에 우환이 숨어 있을 수 있다.

변방에 사는 노인이 불행한 일, 기쁜 일 앞에서 다른 사람들처럼 일희

일비하지 않고 초연할 수 있었던 것은 그런 인생의 섭리를 잘 알고 있었기 때문이었다.

우리의 삶 속에 좋은 일이 있을 때나 나쁜 일이 있을 때나 항상 긍정적인 생각을 가져야 한다. 좋은 일이 생겼다고 해서 맹목적으로 좋아해서도 안 되고, 나쁜 일이 일어났다고 해서 무작정 비관하고 낙심해서도 안 된다.

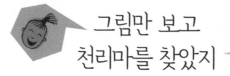

그림만 보고
천리마를 찾았지

춘추시대 진나라에 손양이라는 사람이 있었다. 그는 좋은 말인가 나쁜 말인가를 잘 가려냈기 때문에, 사람들은 그를 '백락(伯樂)'이라고 불렀다. 백락은 말을 식별하는 자기의 경험과 지식을 정리하여 《상마경(相馬經)》이라는 책을 펴냈는데, 그 책에는 훌륭한 말의 여러 가지 모습들이 그려져 있었다.

그 후, 그의 아들은 천리마를 가려내려고 《상마경》을 들고 여

이야기 속
고사성어

• **안도색기** 按圖索驥 按 어루만질 안, 圖 그림 도, 索 찾을 색, 驥 천리마 기
그림에 그려진 대로 천리마를 찾는다는 뜻으로, 융통성 없이 기계적으로 일을 처리하는 것을 비유함.

러 곳을 돌아다녔다. 책에 그려진 말의 모습대로 고르면 필시 천리마를 가려낼 수 있으리라 여겼던 것이다.

어느 날, 백락의 아들은 '이마가 튀어나오고 해처럼 빛나며, 발굽이 겹쳐진 듯 크고 둥근 말이 천리마이다'라는 말에 따라 책에 그려진 그림과 일일이 대조해 보고 나서 두꺼비 한 마리를 찾아내 종이에 싸가지고 돌아와 몹시 기뻐하며 아버지에게 보고하였다.

"마침내 천리마를 찾은 것 같습니다. 다른 데는 다 비슷한데 발굽만 둥글고 크지 않지만요."

백락은 아들이 어리석다는 것을 알고 있는 터라 어이가 없었지만, 꾹 참고 웃으며 이렇게 말했다.

"좋은 말을 발견하기는 했구나. 그러나 그 말은 펄쩍펄쩍 뛰는 걸 좋아해서 네가 다룰 수가 없을 것 같구나."

— 중국 고대 우화에서

두꺼비를 천리마로 착각했다는 내용은 상대방을 깎아내리기 위한 과장된 표현으로 보이지만, 현실에서 보면 융통성 없이 원칙만 억지로 옮겨다 쓰는 바람에 웃음거리가 되거나 뜻밖의 손해를 보는 사람들이 적지 않다. 그러므로 선인들이 쓴 책에서 지식을 얻을 때는 그 내용을 기꺼이 배우고 계승해 가되, 반드시 실천을 중시하고 과학적인 태도로 지혜롭게 활용하면서 발전시켜 나가는 것이 올바른 학습 태도라고 할 수 있다.

 배움의 자리에서나 일상생활에서나 이론적인 지식과 선인들의 경험을 반드시 지혜롭게 병행해야 한다. 만약 책에 있는 그대로 고지식하게 옮겨 와 썼다가는 공연히 웃음거리가 될 수 있다.

여우야, 네 털가죽을 나에게 주렴

고대 주나라의 어떤 사람이 값비싼 여우 털가죽 옷이 갖고 싶었다. 그는 깊은 숲 속으로 들어가 붉은 여우를 만나 윤이 흐르는 털가죽을 자세히 살펴본 다음 이렇게 말했다.

"여우야, 네 털가죽으로 옷을 만들었으면 좋겠어. 나에게 털가죽을 주지 않겠니?"

여우는 혼비백산하여 순식간에 종적을 감추었다.

어느 날, 그는 고기를 마련하여 조상에게 제사를 지내려고 산 등성이로 올라갔다가 한창 풀을 뜯고 있는 산양들 가운데에서 아주 탐스럽게 살이 찐 산양을 발견했다. 그는 살진 산양에게 눈독을 들이며 말했다.

"산양아, 네 고기로 조상에게 제사를 지냈으면 좋겠다. 나에게 네 고기를 주지 않으련?"

산양은 놀라 큰 소리로 '메에~메에~' 하고 울면서 깊은 산속으로 도망쳐 버렸다.

그 주나라 사람은 5년, 10년이 지나도록 털가죽 옷을 한 벌도 입어보지 못했다.

— 중국 고대 우화에서

이야기
풀이

여우와 양을 앞에 앉혀 놓고 그들의 목숨을 요구하는 일을 상의한다면, 그것은 아주 미련한 행동으로서 근본적으로 목적에 도달할 수 없다. 이처럼 다른 사람과 어떤 일을 상의할 때, 상대방에게 자기의 이익을 포기하라고 한다면 받아들일 사람이 있을까? 그런 경우 상의라는 말은 애당초 성립될 수 없는 것이다.

상대방과 어떤 일을 상의할 때는 반드시 이치에 합당한 방법과 과정을 통해 진행해야 한다.

소를 위한 연주회

춘추시대 때, 공명의라는 한 음악가가 있었다. 그는 거문고를 매우 잘 탔다.

어느 날, 소 한 마리가 집 밖에서 혼자 풀을 뜯고 있는 것을 보고 그는 소에게 몇 곡조 들려주어야겠다는 생각이 들어 먼저 청각조 한 곡을 탔다. 그가 타는 곡조는 매우 아름다운 곡이어서 사람들의 심금을 울렸다. 그러나 소는 고개를 숙이고 풀만 뜯을 뿐 전혀 이해하지 못하는 듯했다.

이야기 속 고사성어

- **대우탄금** 對牛彈琴　對 대할 대, 牛 소 우, 彈 퉁길 탄, 琴 거문고 금
  소를 대하여 거문고를 탄다는 뜻으로, 어리석은 사람에게 참된 도리를 말해 주어도 이해하지 못한다는 뜻.

공명의는 곡조가 너무 어려워서 소가 알아들을 수 없는 것이라 생각하고 다른 곡조를 연주했다. 한동안은 파리가 앵앵거리는 듯 곡조를 연주하고, 또 한동안은 송아지가 우는 곡조를 연주하였다. 풀을 뜯던 소가 곡조를 알아들었는지 꼬리를 흔들고 귀를 쫑긋거리며 풀을 뜯지 않고 몸을 돌려 왔다 갔다 하면서 정신을 집중하여 곡조를 듣고 있었다.

— 중국 고대 우화에서

이야기풀이

이 우화는 우리가 어떤 일을 할 때, 반드시 대상에 따라 거기에 알맞은 방법으로 대응해야 한다는 것을 가르쳐 준다.

현대에 와서 동물이나 식물도 음파에 반응한다는 연구 결과가 있기는 하지만, 인간의 상식으로는 소가 음악을 알아듣는다고 믿기가 쉽지 않다. 공명의는 평소에 소가 파리 소리나 송아지 울음소리에는 반응한다는 사실을 알고 있었기에 소에게 파리 소리와 송아지 울음소리를 연주해 주었지만, 사람들 눈에 그것은 우스꽝스럽고 어리석은 행동으로 비쳤을 것이다.

우리도 어떠한 일을 할 때, 반드시 대상에 따라 거기에 알맞은 방법으로 대응해야 한다. 어린아이들에게는 그들에게 맞는 눈높이 교육이 필요하듯이 상대방에게 맞춘 언어와 방법을 적용하는 것이 매우 중요하다.

장님 코끼리 만지기

옛날에 장님들이 코끼리가 어떻게 생겼는지 몹시 궁금하여 코끼리를 둘러서서 손으로 이리저리 더듬어보고는 자기가 코끼리에 대해서 잘 안다며 서로 나서서 말하였다.

코끼리의 머리를 만진 장님은 커다란 바위 같다고 했다. 귀를 만진 장님은 곡식을 까부르는 키와 비슷하다고 했다. 다리를 만진 장님은 쌀을 찧는 돌절구가 틀림없다고 했다. 그때 코끼리의 꼬리를 만져 본 장님이 말했다.

이야기 속 고사성어

- **맹인모상** 盲人摸象 盲 소경 맹, 人 사람 인, 摸 더듬을 모, 象 코끼리 상
  장님이 코끼리를 만진다는 뜻으로, 전체를 보지 못하고 자기가 알고 있는 부분만 가지고 고집하는 것을 일컫는 말.

"허허, 너희들은 모두 틀렸어. 왜 엉뚱한 소리들이야? 코끼리는 가늘고 긴 노끈처럼 생겼어."

— 중국 고대 우화에서

이 우화 속에는 여러 명의 시각장애인이 등장한다. 이들은 코끼리의 한 부분만을 만져보고 코끼리의 생김새에 대해 성급하게 결론을 내린다. 이 이야기를 통해 우리는 일상생활에서 전체를 보고 사물의 특성을 정확하게 파악했을 때에만 그것에 대해 정확한 판단을 내릴 수 있다는 사실을 깨달을 수 있다.

어떤 사물에 대해 판단할 때에는 어느 한 부분만 볼 것이 아니라 전체를 보아야 하며, 사물의 전체적인 정황을 이해했을 때에만 정확한 판단이 가능하다. 따라서 우리는 많이 관찰하고 많이 알아야 한다.

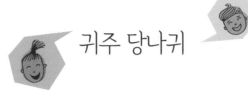

귀주 당나귀

귀주에는 원래 나귀가 없었다. 그런데 어떤 사람이 다른 곳에서 나귀 한 마리를 배에 싣고 들어왔다. 그러나 귀주에서는 나귀가 쓸모없었기 때문에 산 아래에서 제멋대로 뛰어다니도록 내버려두었다.

어느 날, 산에서 내려온 굶주린 호랑이가 당나귀를 발견하고 몹시 놀라 속으로 이렇게 생각했다.

'이게 뭐지? 혹시 신령님이 아닐까?'

이야기 속
고사성어

- **검지려** 黔之驢 黔 검을 검. '귀주'의 옛이름, 之 어조사(~의) 지, 驢 당나귀 려
  귀주의 당나귀라는 뜻. 자신의 근본을 모르고 날뛰는 사람을 꼬집어 비유한 말.

이렇게 생각한 호랑이는 허둥지둥 산으로 들어가 몰래 나귀의 동정을 살폈다.

다음 날, 호랑이는 호기심을 참지 못하고 살금살금 나귀에게 다가갔다. 호랑이를 발견한 나귀는 머리를 높이 쳐들고 "히힝, 히힝!" 하고 크게 소리를 질렀다. 생전 처음 나귀 울음소리를 듣고 놀란 호랑이는 나귀가 자기를 물려고 하는 줄 알고 '걸음아, 나 살려라' 하고 숲 속으로 도망쳤다.

한참 달아나다가 뒤돌아보니 쫓아오는 기척이 없었다. 그러자 호랑이는 다시 돌아가 나귀를 보았다. 호랑이는 이런 일을 여러 번 되풀이하고 나서 이 괴물이 신통한 능력을 가지고 있지 않다는 것을 알아차렸고, 그 울음소리도 예사로이 듣게 되었다. 그래서 호랑이는 당나귀에게 바짝 다가가 발로 툭툭 건드려 보기도 하고, 꼬리로 몸을 툭툭 쳐보기도 했다. 화가 머리끝까지 치민 당나귀는 갑자기 호랑이를 뒷발로 걷어찼다. 당나귀의 본색이 드러나자 호랑이는 기뻐하며 말했다.

"이 녀석. 겨우 이따위 재주를 가지고!"

호랑이는 사납게 달려들어 당나귀의 목을 물었다. 나귀는 울부짖으며 뒷발질을 해보았지만, 어쩔 수가 없었다.

— 중국 고대 우화에서

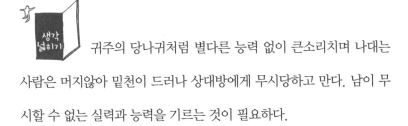

처음, 호랑이의 눈에 비친 나귀는 아주 그럴듯하고 대단해 보였다. 그러나 나귀에게 아무런 능력이 없다는 것을 알고 호랑이는 결국 나귀를 잡아먹고 만다. 여기에서 나귀는 겉보기에는 그럴듯하고 대단해 보이지만 실속 없이 큰소리만 치는 사람을 풍자한다.

낯선 상황이나 새로운 대상을 만났을 때에는 겉모습에 미혹되지 말고 냉철하게 관찰하고 직접 부딪쳐 그 본질을 파악해야 한다는 것을 가르쳐 주고 있다.

귀주의 당나귀처럼 별다른 능력 없이 큰소리치며 나대는 사람은 머지않아 밑천이 드러나 상대방에게 무시당하고 만다. 남이 무시할 수 없는 실력과 능력을 기르는 것이 필요하다.

술잔 속에 뱀이 꿈틀

진나라 조정에 악광이라는 사람이 있었다. 그에게 매우 친한 친구가 있었는데, 어느 날 그 친구가 악광의 집에 와서 함께 술을 마시고 돌아간 뒤 오랫동안 소식이 없었다. 악광이 이상하게 여겨 친구를 찾아갔더니, 그는 병이 들어 누렇게 뜬 얼굴로 침대에 누워 있었다. 악광이 그에게 병이 난 까닭을 물어보았다.

"지난번에 자네가 따라 준 술을 마시려고 하는데, 술잔 속에 뱀 한 마리가 있는 게 보였네. 너무 놀라서 마시지 않으려 했지만, 그러면 자네에게 무례한 짓이 되겠기에 눈 딱 감고 마셨다네. 집에 돌아와 토하고 또 토했지만 생각할수록 속이 울렁거리는 바람에 병이 나고 말았네."

악광은 아무리 생각해 봐도 술잔 속에 뱀이 있을 리 만무했다. 그러나 친구가 분명히 보았다고 하니 무턱대고 그럴 리가 없다고 우길 수도 없었다.

집에 돌아온 그는 무슨 곡절이 있겠다 싶어서 거실을 왔다 갔다 하다가, 문득 쇠뿔로 장식한 각궁이 벽에 걸려 있는 것을 보게 되었다. 그는 이 각궁이 사건을 일으킨 게 아닐까 싶어 술잔에 술을 채워 탁자 위에 올려놓고 이리저리 여러 각도로 움직여 보았다. 각궁에는 칠을 해 놓아서 꼭 뱀처럼 보였다. 아니나 다를까, 각궁 그림자가 술잔에 비치자 정말로 작은 뱀이 움직이는 듯했다.

악광은 곧 친구의 집으로 달려가 그를 자기 집으로 데려왔다. 그러고는 탁자 위의 술잔에 무엇이 보이는지 물었다. 친구는 그걸 보고 놀라 소리쳤다.

"술잔 속에 또 뱀이 들어 있네!"

악광은 벽에 걸려 있는 각궁을 가리켰다. 술잔 속에 있던 작은 뱀이 원래는 벽에 걸린 각궁의 그림자였다는 것을 깨닫자 친구의 병은 금방 나았다.

— 중국 고대 우화에서

악광의 친구는 술잔 속의 각궁 그림자를 뱀으로 오인하여 속으로 기겁하면서도 술을 대접하는 악광의 체면을 생각하여 억지로 마신 후, 뱀을 삼켰다는 의혹 때문에 생병이 났다. 그러나 악광을 통해 사실의 진상이 밝혀지자, 그의 병은 곧바로 나았다.

사실을 확인하지 않고 무작정 의심하면 공연한 두려움에 빠질 수 있음을 잘 보여주는 이야기이다.

의혹이 있는 일에 부딪혔을 때에는 덮어놓고 의심하며 두려워하지 말고 악광처럼 반드시 적극적으로 대응하여 진상을 밝혀야 한다.

진주를 산 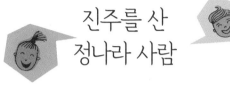 정나라 사람

진주를 파는 초나라 상인이 진주를 팔러 정나라에 갔다. 그는 희귀한 목재로 함을 만들고, 거기에 가지각색의 아름다운 꽃무늬를 놓고 향기까지 품게 한 후, 그 속에 진주를 넣었다.

어떤 정나라 사람이 진주를 담은 이 함의 정교하고 아름다운 모양을 보고 그것을 비싼 값에 산 후, 함만 갖고 진주는 그 상인에게 도로 주었다. 정나라 사람은 머리를 숙여 함을 감상하면서 웃음을 머금고 집으로 돌아갔다.

—《한비자》에서

진주를 산 정나라 사람은 정교하고 아름답게 만든 함의
모양에 정신을 빼앗겨, 진짜 가치 있는 함 속의 진주는 빼놓고 함만 가
지는 어리석은 행동을 한다. 겉모양에 미혹되어 주체와 객체를 뒤바꾸
고 중요한 것과 가벼운 것을 분별하지 못하는 사람을 풍자하고 있다.

우리는 어떤 사물을 볼 때 반드시 그것의 가치를 분명히
파악하여 겉을 중시하고 내용을 하찮게 여기는 어리석음을 범하지 말
아야 한다.

대추를 통째로 삼킨 이유

옛날에 한 젊은이가 먼 길을 가다가 나무 그늘에 앉아 집에서 가지고 온 배와 대추를 먹기 시작했다. 이때 길을 가던 한 노인이 그 모습을 보고 이렇게 말했다.

"배는 이에 좋지만 비장에는 해롭습니다. 그런데 대추는 비장에는 유익하나 이에는 해롭습니다."

노인의 말을 들은 젊은이는 먹던 것을 멈추고 잠시 생각한 끝에 알았다는 듯이 이렇게 말했다.

"저는 배를 먹을 때 씹기만 하고 삼키지 않겠습니다. 그리고 대추를 먹을 때는 씹지 않고 그대로 삼키겠습니다. 그러면 비장에도 해롭지 않고 이도 나빠지지 않겠지요."

— 중국 고대 우화에서

이 이야기는 지식을 배울 때 말 타고 지나가듯 건성건성 하거나 대추를 통째로 삼키듯 대충 해서는 안 된다는 것을 가르쳐 주고 있다. 지식을 배울 때는 반드시 대상을 명확하게 이해하고 확실하게 파악해야 한다. 그러지 않으면 참된 지식을 배울 수 없다.

사물을 이해하는 데 있어서 모호하게 대충대충 하거나 지식을 배울 때 충분히 이해하지 않고 두루뭉술하게 받아들이는 것을 비유한 우화이다.

세상일에는 모두 일장일단이 있기 마련이다. 그러므로 좋은 것은 취하고 나쁜 점은 버리는 지혜가 필요하다.

날아가는 기러기를 보며
티격태격

옛날, 사냥꾼인 형이 날아가는 기러기 떼를 발견하고 활을 꺼내 화살을 재고 쏠 준비를 하면서 옆에 있는 동생에게 말했다.

"살진 기러기를 잡아 삶아 먹으면 맛이 아주 좋을 거야."

"아니에요. 구워 먹는 게 더 좋아요. 구우면 더 고소하고 맛있어요."

그의 아우가 고집스럽게 말했다.

• **쟁안** 爭雁 爭 다툴 쟁, 雁 기러기 안
  기러기를 두고 다툰다는 뜻으로, 본질이 아닌 것을 놓고 다투는 모양을 일컫는 말.

형제는 자기주장을 내세우며 쉴 새 없이 다투었다. 마침내 두 형제는 고을의 수령에게 판결을 청하였다. 고을의 수령은 기러기를 잡으면 반은 삶고 반은 굽는 것이 좋겠다는 해결 방안을 제시했다.

그러나 두 형제가 다시 기러기를 쏘려고 했을 때, 기러기는 이미 멀리 날아가 버리고 없었다.

— 중국 고대 우화에서

두 형제는 아직 일을 시작도 하지 않은 상태에서 본질과 상관없는 일을 문제 삼아서 다투다가 눈앞의 기회를 놓치고 만다. 이 우화는 문제를 해결해야 하는 중요한 시점에서 신속하게 결단하여 주관을 가지고 때맞추어 행동하지 않으면 좋은 기회를 놓치게 된다는 것을 가르쳐 주고 있다.

일을 할 때는 반드시 일의 시작과 마지막, 중요한 것과 덜 중요한 것, 그리고 경중과 완급을 분명히 밝혀서 해야 한다. 그러지 않으면 아무 일도 성사시킬 수 없다.

150

술과 신발을 좋아한 성성이

숲 속에 성성이(중국 고대 우화에 나오는 상상의 동물. 사람과 비슷한데 온몸이 주홍색 긴 털로 덮여 있으며, 사람의 말을 이해한다고 함)들이 살고 있었다. 그들은 술을 좋아했고, 나막신을 신고 인간의 걸음걸이를 흉내 내는 것을 즐겨했다. 이러한 성성이들의 습성을 알고 있는 사냥꾼들이 숲 속에 술과 나막신을 잔뜩 가져다 놓고 성성이가 오기를 기다렸다.

먹이를 찾다가 술 단지와 나막신을 본 성성이들은 그것이 사냥꾼이 설치한 덫이라는 걸 알아채고는 인간의 조상에게까지 욕을 퍼부었다.

"흥, 너희는 이 바보 같은 물건들을 가져다 놓고 우릴 속일 수 있다고 생각한단 말이지? 술이나 나막신을 갖다 놓으면 우리가 좋아할 줄 알고? 이 몸을 속일 수 있다고 생각하겠지만, 안 속는다! 하하하! 너희들은 우리를 어찌할 수 없을 거야."

성성이들은 욕을 하면서 엉덩이를 돌려 그 자리를 떠나갔다. 그러나 몇 걸음 못 가 뒤돌아보고, 또 조금 왔다가는 다시 엉덩이를 돌려 가다가 몇 걸음 못 가 또 뒤돌아보았다. 그러다가 결국 향기로운 술과 재미있는 나막신의 유혹을 참지 못하고 군침을 흘리면서 잠시 꼼짝 않고 앉아 있었다. 그러다가 그들은 갑자기 달려들어 와글와글 떠들면서 술 단지를 껴안고 마구 마셔댔다. 그러고는 술에 취해 나막신을 신고 사람처럼 비틀거리며 걸었다. 이때 숨어 있던 사냥꾼들이 기어 나와 비틀거리는 성성이들을 몽땅 잡아갔다.

—중국 고대 우화에서

성성이는 총명하여 숲에 놓여 있는 술 단지와 나막신이 인간이 고의적으로 설치한 함정이라는 것과, 거기에 담긴 의도를 정확하게 알아맞혔다. 그러나 그들은 유혹 앞에서 자신의 탐욕을 억제하지 못하고 처음에 다졌던 결심이 무너지면서 결국 함정에 빠지고 만다. 유혹 앞에서 자신을 지키기가 얼마나 어려운가를 잘 보여주는 이야기이다.

 유혹을 이기지 못하면 탐욕으로 인해 자신을 망치게 된다. 크고 작은 유혹에 부딪히게 될 때 반드시 자기 자신을 제어할 줄 알아야 한다. 우화 속 성성이들처럼 자기의 총명을 믿고 경각심을 잃어서는 안 된다.

제4부

욕심을 버리면
보이는 것들

장대를 성문으로 들여가는 방법

노나라의 한 젊은이가 성 안에 가서 팔려고 대나무 장대를 어깨에 메고 갔다. 그가 성문에 이르렀을 때, 장대가 너무 길어서 똑바로 세우면 문에 걸리고 옆으로 뉘면 성문 벽에 걸려 들어갈 수가 없었다. 한참 동안 세웠다 눕혔다 하면서 애를 쓰고 있는데, 그 광경을 본 어떤 노인이 수염을 쓰다듬으면서 큰 소리로 웃었다.

"젊은이, 이 늙은이는 성인에는 견줄 수 없지만 그런 대로 식

이야기 속 고사성어

- **절간입성** 截竿入城 截 끊을 절, 竿 낚싯대 간, 入 들 입, 城 성 성
  장대를 잘라서 성으로 들어간다는 뜻.

견은 넓다오. 장대를 톱으로 자르면 가지고 들어갈 수 있지 않겠소?"

"잘라 버리면 좋은 값에 팔지 못합니다."

"성 안으로 들여가지 못하는 것보다는 훨씬 낫지."

젊은이가 생각해보니 그럴듯하다 싶어 톱을 빌려다 장대를 잘라서 성 안으로 가지고 들어갔다.

—중국 고대 우화에서

이야기 풀이

이 이야기에서는 젊은이의 바보 같은 행동도 우스꽝스러울 뿐 아니라, 스스로 총명한 체하면서 대단한 것을 알고 있는 듯이 남을 가르치려고 하는 노인의 모습이 주제넘기만 하다. 자기도 잘 모르면서 남을 가르치려 드는 견문이 짧고 고루한 사람을 풍자한 이야기이다.

생각 넓히기

우리는 어떤 문제에 부딪혔을 때, 이 우화 속에 나오는 융통성 없는 젊은이처럼 행동하여 남의 판단을 흐리게 할 것이 아니라, 여러 각도로 생각하고 판단하여 원만하게 해결할 수 있어야 한다.

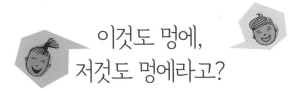

이것도 멍에,
저것도 멍에라고?

옛날, 정 현에 사는 한 사람이 길을 가다가 마차 멍에 하나를 주웠다. 그 사람은 그걸 집어 들고 보고 또 보았으나 도대체 무슨 물건인지 알 수가 없었다. 그리하여 그는 길가에 있는 노점상에게 물었다.

"당신은 이 물건이 무엇인지 아십니까?"

노점상은 그것이 멍에라고 가르쳐 주었다.

잠시 후, 정 현 사람은 저잣거리에서 물건을 사다가 멍에를 또 발견하였다. 그는 그것을 들고 다시 그 노점상을 찾아가 물었다. 그러자 노점상은 이번에도 그것은 마차의 멍에라고 가르쳐 주었다. 정 현 사람은 화를 내며 소리 질렀다.

"방금 전의 것도 멍에라 하더니, 이제 이것도 멍에라고 하면 도대체 무슨 멍에가 그렇게 많습니까? 지금 나를 속이고 있구려!"

노점상도 짜증이 나서, 두 사람 사이에 말다툼이 벌어졌다. 그러자 많은 사람들이 모여들어 구경을 했다.

－《한비자》에서

이 우화는 아무것도 모르면서도 남에게 겸손하게 배우려 하지 않고 뻔뻔스럽게 우겨대는 미련한 사람을 풍자하고 있다.

사람은 누구에게나 모르는 것이 있다. 그것을 부끄러워해서는 안 된다. 체면 때문에 모르면서도 아는 체할 것이 아니라, 알면 안다 하고 모르면 모른다고 하면서 겸손하게 배우는 자세를 가져야 한다. 그러면 지식은 저절로 쌓이게 된다.

마차몰이 경주에서
이기는 법

　　진나라의 왕자기란 사람은 마차몰이 고수였다. 하루는 조나라의 대부인 양주가 그를 불러 마차몰이 기술을 배웠다. 양주는배운 지 며칠 안 되어 왕자기에게 마차몰이 시합을 하자고 제안했다. 경주 결과, 대부 양주는 세 번을 계속 졌다. 양주는 체면이서지 않아 왕자기를 원망했다.

　　"그대는 어찌하여 나에게 마차몰이 기술을 전부 가르쳐 주지않았는가? 그래, 한 가지 기술로 패배가 났단 말인가?"

이야기 속 고사성어

- **쟁선공후** 爭先恐後　爭 다툴 쟁, 先 먼저 선, 恐 두려울 공, 後 뒤 후
　선두를 다투면서 뒤처지는 것을 두려워한다는 뜻으로, 격렬한 경쟁을 비유한 말.

"폐하, 저는 마차몰이 기술을 전부 가르쳐 드렸습니다."

"그렇다면 나는 왜 그대를 따라잡지 못했는가?"

왕자기는 웃으며 말했다.

"폐하, 문제는 마차몰이 하는 사람의 주의력이 말에 집중했는가에 달려 있습니다. 사람과 말이 하나가 되어야 마차가 빨리 달릴 수 있습니다. 방금 시합할 때, 폐하께서는 조급하여 채찍으로 힘껏 말을 쳐 저를 앞서려고 하셨습니다. 폐하의 마차가 저의 말 앞에서 달릴 때는 또 뒤돌아보면서 제가 따라잡지나 않을까 근심하셨습니다. 사실 경주에서 앞서고 뒤서는 일은 일상적인 일입니다. 폐하께서는 앞섰을 때나 뒤섰을 때나 언제나 마음을 극도로 긴장시켜 오직 승부에만 주의를 집중하시니 언제 달리고 있는 말에 정신을 집중하실 수 있었겠습니까?"

대부 양주는 문득 깨달음이 있어 크게 웃음을 터뜨린 뒤, 왕자기에게 다시 경주를 세 번 더 할 것을 제안했다.

－《한비자》에서

이야기풀이

마차몰이 경주에서 조나라 대부인 양주는 오직 승부에만 집착하여 자신을 속박함으로 인해 왕자기에게 배운 기술을 충분히 발

162

휘할 수 없었고, 그 결과 시합에 지고 말았다. 우리는 이 이야기를 통해 명예나 이익에 집착하면 일에 정신을 집중하지 못하여 실패하고 만다는 것을 배울 수 있다.

 명리에만 얽매여 일의 결과만 지나치게 중시하면 일을 뜻대로 이루지 못할 뿐 아니라, 오히려 그르치게 된다. 잡념을 버리고 정신을 집중해야 일이 순조롭게 되어 뜻한 대로 성과를 거둘 수 있다.

마른 연못 속의 뱀

　가뭄 때문에 연못의 물이 마르자, 물뱀들은 이사를 가야 했다. 작은 뱀이 큰 뱀에게 말했다.

　"형님이 앞에서 기어가고 제가 뒤에서 기어가면, 사람들이 금방 알아보고 때려죽이려 들 겁니다. 하지만 우리가 서로 꼬리를 물고 형님이 나를 업고 기어가면, 모두 이상하게 생각하고 우리를 신으로 여겨 두려워할 것입니다."

　그리하여 큰 뱀은 작은 뱀을 업고, 작은 뱀은 큰 뱀의 꼬리를

이야기 속 고사성어

- **학택지사** 涸澤之蛇　涸 마를 학, 澤 못 택, 之 어조사(~의) 지, 蛇 뱀 사
  물 마른 연못의 뱀이라는 뜻. 남을 교묘히 이용하여 함께 이익을 얻는 일을 비유한 말.

문 괴상한 뱀이 큰길에 나타났다. 사람들은 이런 뱀을 보고 놀라 허둥대며 어쩔 줄 모르고 사방으로 피하면서 소리쳤다.

"신령이 나타났다!"

−《한비자》에서

물뱀이 안전하게 이사할 수 있었던 것은 그들이 지혜로운 방법을 동원했기 때문이다. 상황의 변화를 자세히 관찰하고 실상을 파악한 다음 그 속에 숨어 있는 속임수를 식별하는 것이 매우 중요하다는 것을 가르치고 있다. 같은 사물이라도 표현 방식에 따라 천차만별로 달라질 수 있다는 것을 보여주면서, 현상에 얽매여 본질을 파악하지 못하는 사람들의 모습을 풍자하고 있다.

어떤 문제에 부딪혔을 때, 해결 방법을 생각하고 정확한 방법을 적용하기만 하면 목적을 성공적으로 달성할 수 있다.

뒷발질하는 말 가려내기

백락이 두 학생에게 뒷발질하는 버릇이 있는 말을 가려내는 지식을 가르쳤다. 어느 날, 두 학생이 조간자의 마구간에 가서 실습을 했다. 먼저 한 학생이 자기가 배운 지식에 근거하여 곧바로 뒷발질하는 말을 찾아냈다. 이때 다른 학생이 그가 찾아낸 말 뒤에 가서 그 말의 엉덩이를 만졌지만, 그 말은 뒷발로 차지 않았다. 그러자 첫 번째 학생이 원망스러워하며 말했다.

"나는 스승님께서 가르쳐 주신 그대로 했는데, 그렇다면 그분의 가르침이 틀렸단 말인가?"

"자네 잘못도, 스승님 잘못도 아닐세. 그 원인은 이 말이 어깨에 상처를 입고, 앞다리 무릎이 부어 있기 때문이네. 무릇 사람

166

을 잘 차는 말은 뒷발을 들어 사람을 찰 때 온몸의 무게가 전부 앞다리에 쏠리게 되지. 그런데 앞다리에 상처가 있으면 몸의 무게를 지탱할 수 없기 때문에 뒷다리를 들 수가 없다네. 그러니 어떻게 이 말이 사람을 찰 수 있겠는가? 자네가 사람을 잘 차는 말을 고를 때, 말이 앞다리 무릎에 상처 입은 것을 발견하지 못한 것이네."

—《한비자》에서

이 우화는 우리 앞에 문제가 놓여 있을 때, 전체적으로 자세히 살피지 않으면 정확한 판단을 내릴 수 없음을 말해주고 있다.

세상 만물은 매우 복잡하여 사물마다 각각의 특수한 상황이 항상 존재할 수 있음을 알아야 한다. 그러므로 어떤 사물에 대해 정확하게 판단하려면 하나를 보고 열 가지를 아는 관찰 능력을 길러야 한다.

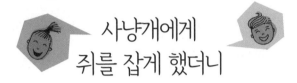

사냥개에게
쥐를 잡게 했더니

제나라에 개를 잘 고르기로 유명한 사람이 있었다. 그의 이웃에 사는 사람이 그에게 쥐를 잘 잡는 개 한 마리를 물색해 줄 것을 부탁했다. 1년 후, 그는 개 한 마리를 끌고 와서 말했다.

"이 개는 정말 좋은 개입니다."

그런데 이웃집에서 그 개를 몇 년 길렀지만, 그 개는 쥐를 전혀 잡지 않았다. 그래서 이웃 사람은 개를 골라 준 그 사람을 찾아가서 이 사실을 말했다. 그 사람은 이렇게 대답했다.

"이 개는 확실히 좋은 개입니다. 그런데 이놈이 잘 잡는 것은 노루, 고라니, 사슴, 멧돼지 같은 들짐승이지 조그마한 쥐가 아닙니다. 만약 이 개에게 쥐를 잡게 하려면 밧줄로 그의 뒷다리를 묶어 놓으십시오."

그의 말대로 밧줄로 뒷다리를 묶고 나서야 그 개는 비로소 쥐를 잡기 시작했다.

—《여씨춘추》에서

들짐승을 잡는 사냥개에게 작은 쥐를 잡게 한다는 것은 어리석은 일이 아닐 수 없다. 이것은 큰 인재를 하찮은 일에 쓰는 것에 비유할 수 있다. 이 우화에서는 마치 개의 뒷다리를 묶어 놓고 쥐를 잡게 하듯이 인재를 억압하고 매장하는 현실을 풍자하고 있다. 즉, 인재를 잘못 임용하고 낭비하는 실태를 신랄하게 비판하고 있는 것이다. 인재를 임용할 때에는 그들의 능력을 끌어내어 각자가 지닌 가치를 마음껏 빛내게 해 주어야 한다.

우리는 현실에서 사물의 특징에 근거하여 그 쓰임을 알맞게 안배하는 것은 물론, 사업을 할 때에도 각 사람의 능력에 맞게 업무를 맡겨야 최대의 능률을 올릴 수 있다.

도끼를 잃어버린 사람

어떤 제나라 사람이 도끼를 잃고 여기저기 찾아보았으나 찾아내지 못했다. 그는 틀림없이 옆집 애가 훔쳤을 것이라고 생각했다. 그리하여 그 애의 행동을 살펴보니, 걸음걸이나 목소리 할 것 없이 모든 면에서 자기의 도끼를 훔친 것만 같았다. 그는 그 애가 도끼를 훔쳐 갔다고 단정하였다.

얼마 후, 그는 잃어버린 도끼를 찾았다. 산에 가서 나무를 하다가 신중치 못하게 도끼를 그곳에 두고 왔던 것이다.

이튿날, 그는 옆집 애와 만나게 되었다. 그가 다시 그 애의 모습을 살펴보니, 이번에는 모든 것이 달라 보였다. 걸음걸이나 목소리 할 것 없이 모든 행동이 물건을 훔친 사람 같지 않았다.

—《여씨춘추》에서

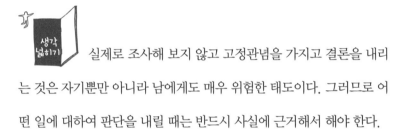

옆집 아이가 도끼를 가져갔다고 생각하자, 그때부터 그 아이의 행동 하나하나가 의심스러워 보였다. 그러나 오해가 풀리고 나니, 그 아이의 행동이 예전과 완전히 달라 보이기 시작했다.

이처럼 선입견을 가지고 대상을 보게 되면 필연적으로 문제의 본질을 왜곡하게 되고, 결국 터무니없는 결과를 불러오게 된다는 것을 일깨워 주는 이야기이다.

실제로 조사해 보지 않고 고정관념을 가지고 결론을 내리는 것은 자기뿐만 아니라 남에게도 매우 위험한 태도이다. 그러므로 어떤 일에 대하여 판단을 내릴 때는 반드시 사실에 근거해서 해야 한다.

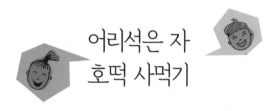

어리석은 자
호떡 사먹기

　길을 가던 어떤 사람이 배가 몹시 고파 호떡장수에게서 호떡 한 개를 사 먹었다. 그런데 배 속에 기별도 안 간 것 같아서 한 개를 더 사 먹었지만 역시 먹은 둥 만 둥 하였다. 그래서 또 한 개를 더 사 먹었지만 역시 마찬가지였다. 이렇게 한 개, 또 한 개… 이렇게 하여 모두 여섯 개를 먹었지만 아직도 배가 부르지 않은 것 같았다. 그리하여 마지막으로 또 한 개를 사서 먹기 시작하였다. 그런데 어찌된 영문인지 이번 호떡은 반 개를 먹자 배가 불렀다. 그 사람은 몹시 후회하며 제 따귀를 후려갈기면서 자책했다.

　"젠장! 이렇게 아낄 줄을 모르고서야 어떻게 살아간담! 먼저 사 먹은 호떡 여섯 개 값은 그냥 날렸어! 이 호떡을 반 개만 먹어도 배부를 줄 알았다면, 먼저 이걸 사 먹었을걸!"

—중국 고대 우화에서

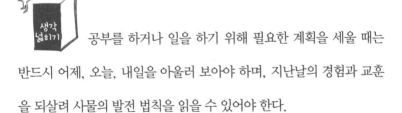

이 이야기에 등장하는 사람은 일곱 번째 호떡을 먹고 배부르게 된 것이 이미 호떡 여섯 개를 먹었기 때문이라는 것을 모르니 어리석기 짝이 없다. 문제를 해결할 때 당장 눈앞의 일만 보고 이전의 것을 보지 않으면 이 사람처럼 웃음거리가 되고 만다.

사물이나 현상을 전체적으로 관찰하고 발전적인 관점에서 원인과 결과를 분명히 밝혀서 볼 줄 아는 안목을 길러야 한다.

공부를 하거나 일을 하기 위해 필요한 계획을 세울 때는 반드시 어제, 오늘, 내일을 아울러 보아야 하며, 지난날의 경험과 교훈을 되살려 사물의 발전 법칙을 읽을 수 있어야 한다.

목동과 승냥이

두 목동이 산에서 승냥이 굴을 발견하였다. 그 굴속에는 어린 승냥이 두 마리가 있었다. 두 목동은 굴에서 승냥이를 한 마리씩 안고 나와, 각자 거리가 그리 멀지 않은 나무 위로 올라갔다. 이윽고 어미 승냥이가 돌아와 굴에 들어가더니 새끼가 없어진 것을 발견하고 몹시 놀라 날뛰었다.

이때, 한 목동이 나무 위에서 어린 승냥이를 때려 소리를 지르게 했다. 어미 승냥이는 새끼의 소리를 듣고 분노가 치솟아, 미친 듯이 뛰어가 그 나무를 안고 마구 흔들기도 하고 기어오르려고 안간힘을 썼다. 이번에는 다른 나무 위에 올라간 목동이 어린 승냥이를 울부짖게 했다. 그러자 어미 승냥이는 그 나무를 버리고 다른 쪽으로 미친 듯이 뛰어가 역시 나무를 안고 마구 흔들다가 기어오르려고 안간힘을 썼다.

이렇게 이쪽저쪽 미친 듯이 울부짖으며 왔다 갔다 하던 어미 승냥이는 뛰는 속도가 갈수록 느려지고 울부짖는 소리도 점점 약해졌다. 머지않아 어미 승냥이는 기진맥진하여 땅에 쓰러지더니 오랫동안 움직이지 않았다. 이때 두 목동이 나무에서 내려와 가까이 가보니 어미 승냥이는 이미 숨이 넘어간 뒤였다.

—《요재지이》에서

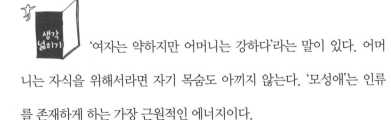

이 우화에서 승냥이는 비록 포악한 들짐승이지만 어미로서 모성애가 얼마나 강한지 잘 보여주고 있다. 두 목동은 그것을 약점으로 이용하여 승냥이를 죽음에 이르게 하는 잔인한 짓을 저지른다. 사람이나 동물이나 모성애가 얼마나 위대한가를 확인시켜 주는 이야기이다.

'여자는 약하지만 어머니는 강하다'라는 말이 있다. 어머니는 자식을 위해서라면 자기 목숨도 아끼지 않는다. '모성애'는 인류를 존재하게 하는 가장 근원적인 에너지이다.

진정 나를 알아주는
사람이라면

안영은 중모라는 곳에서 어떤 사람이 다 해진 갓을 쓰고 가죽옷을 뒤집어 입고 섶을 지고 길가에 앉아 쉬고 있는 것을 보았다. 안영은 보기에도 그가 예사로운 인물이 아니라는 생각이 들어 사람을 시켜서 물어보았다.

"당신은 뭐하는 사람입니까?"

"저는 월석보라고 합니다."

"여기서 뭘 하고 있습니까?"

"저는 중모에서 어떤 사람의 종노릇을 하고 있습니다. 지금은 심부름을 갔다가 돌아가는 길입니다."

그가 종노릇을 한다는 말을 들은 안영은 안타까운 생각이 들었다.

"무엇 때문에 종이 되었습니까?"

"제힘으로는 얼어 죽거나 굶어 죽는 것을 면할 수 없었기 때문입니다."

"종이 된 지는 얼마나 되었습니까?"

"3년 되었습니다."

"놓여날 수 있습니까?"

"어쩔 수 없이 잠시 종이 된 것이라서 몸값만 갚으면 놓여날수 있습니다."

안영은 자기 수레의 왼쪽 말을 풀어서 몸값을 치른 후, 그를 수레에 태워 함께 여관으로 갔다. 여관에 도착한 안영은 아무 말 없이 방으로 혼자 들어가 버렸다. 이에 화가 난 월석보는 안영에게 절교를 하자고 청했다.

"저와 선생은 이전부터 교제하던 사이가 아닙니다. 선생이 3년 동안 남의 종살이를 하셨다는데, 저는 오늘에야 선생을 만나서 몸값을 갚아 드렸습니다. 제가 선생께 뭘 잘못했단 말입니까? 어찌 그리도 성급하게 절교하자고 하십니까?"

이에 월석보가 대답했다.

"선비는 자기를 모르는 사람에게는 굽혀도 자기를 알아주는 사람에게는 굽히지 않는다고 합니다. 그러므로 군자는 자기가 공이 있다고 남을 함부로 깔보지도 않을뿐더러 남에게 공이 있다고 자기를 굽힐 까닭도 없습니다. 제가 3년 동안 남의 종살이를 했지만, 그 사람은 저를 모르는 사람이었습니다. 오늘 선생이 저를 풀어주셔서 자유의 몸이 되게 해 주셨을 때, 저는 속으로 이분은 나를 알아주는 분이라고 생각했습니다. 선생이 수레에 오를 때 아무런 말씀이 없으셔서 처음에는 인사를 잊으신 줄 알았습니다. 그런데 이번에도 아무 말씀 없이 안으로 들어가시니 저를 종처럼 여기는 것이 아니란 말입니까? 저는 차라리 남의 종이 되어 선생이 대신 물어준 제 몸값을 갚을 작정입니다."

"좀 전에는 제가 선생을 겉모습으로만 대했는데, 이제 선생의 뜻을 알겠습니다. 자기 몸을 단속하는 사람은 잘못을 되풀이하지 않고, 판단을 정확히 내리는 사람은 말을 비꼬지 않는다고 합니다. 제가 인사는 늦었지만, 저를 버리실 것까지야 있습니까? 잘못을 고치겠습니다."

안영은 사과를 하고, 사람을 시켜서 방을 깨끗이 청소하게 한 후, 자리를 새로 깔고 예를 갖추어 그를 맞아들였다.

월석보가 말했다.

"공손한 사람은 굳이 길을 닦지 않고, 예를 갖추는 사람은 배

척을 당하지 않는다고 합니다. 이렇게 융숭한 예로 대하는 것은
감당하지 못하겠습니다."

그 뒤 안영은 월석보를 귀한 손님으로 대했다.

–《안자춘추》에서

 이 우화는 우리에게 남을 도와주려면 그에 걸맞은 예의를
갖추어야 함을 일깨워 준다.

안영은 월석보가 비록 차림새는 남루하지만 예사 사람이 아니라는 것
을 알고 그의 몸값을 치러 양민이 되게 해주었다. 그러나 그는 그에 합
당한 예의를 갖추지 못했고, 그로 인해 월석보는 안영의 선심에 대해
치욕스럽게 생각하게 되었다. 그러므로 사람을 알아준다는 것은 그 사
람의 자질을 알고 그에 걸맞게 대하는 것이다.

월석보는 안영에게 '나를 알아줄 능력이 없는 사람에게
욕을 당하는 것은 참을 수 있으나, 나를 충분히 알아줄 만한 사람이 나
를 모욕하는 것은 참을 수 없다'고 말한다. 이것은 안영이 월석보에게
그에 걸맞게 예의를 갖추어 주지 않음으로 인해서 나온 말이었다. 가까
운 사람일수록 예의를 갖추고 정중하게 대하는 태도가 중요함을 가르
쳐 주는 이야기이다.

불쌍한 새끼 고라니

한 사냥꾼이 아직 젖을 떼지 않은 새끼 고라니를 잡아 집으로 데려와 길렀다. 그런데 어린 고라니가 마당으로 나오려 할 때마다 집의 개들이 머리와 꼬리를 흔들며 뛰어와 군침을 흘리면서 잡아먹으려 했다. 그때마다 주인은 개를 붙들고 그러지 말라고 한참을 타일렀다. 그러고 나서 개가 고라니를 해치려는 기색을 드러내기만 하면 당장 야단을 쳤다. 이렇게 시간이 흐르자 새끼 고라니와 개들은 아주 친해져서 같이 놀 때면 장난도 치고 서로 핥아주기도 하면서 사이좋게 지냈다. 개들은 신선한 고라니 고기를 먹고 싶었지만, 주인이 무서워서 쳐다보며 군침만 삼켰다. 하지만 고라니는 자기가 원래 고라니라는 사실을 잊어버리고 개를 친구로 알았다.

어느 날, 어린 고라니가 문밖으로 나갔다가 다른 집 개들이 큰길에 누워 있는 것을 보고 그들과 놀기 위해 깡충깡충 뛰어갔다. 개들은 어린 고라니를 보자 좋아서 소리치며 달려들었다. 개들은 우르르 몰려들더니 고라니를 물어 죽여서 마구 뜯어 먹었다.

—중국 고대 우화에서

고라니를 보면 잡아먹으려는 것이 개의 본성이다. 사냥꾼은 이런 개의 본성을 무시하고 억지로 고라니와 친하게 지내도록 훈련을 시켰다. 그러나 훈련 받은 사냥꾼의 개들은 고라니와 친하게 지낼수 있을지 몰라도, 모든 개가 고라니와 친하게 지내지는 않는다. 사냥꾼은 이런 객관적인 사실을 무시했기 때문에 결국 고라니를 죽음에 이르게 하고 말았다.

우리에게 객관적인 사실을 중시하고 각각의 사물과 접촉하면서 문제에 대처하는 지혜를 갖추어야 함을 가르쳐 주고 있다.

이 우화 속의 사냥꾼, 새끼 고라니, 개에 관한 이야기는 교육의 방법에 대하여 좋은 교훈을 준다. 만약 어린이들을 교육할 때 세상과 담을 쌓고 온실에서 키우거나 긍정적인 측면만 보여주고 부정적인 측면을 숨긴다면, 아이들은 세상과 접촉하는 과정에서 독립적인 사고가 결여되어 쉽게 좌절하고 풍파에 쉽게 꺾이게 된다.

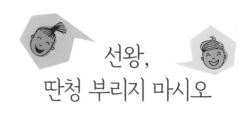

선왕,
딴청 부리지 마시오

맹자가 제나라 선왕에게 말했다.

"임금님의 신하 한 사람이 친구에게 처자식을 맡기고 초나라에 갔습니다. 그가 돌아와 보니 그의 처자식은 굶주리고 추위에 시달리다가 거의 죽을 지경이 되어 있었습니다. 이런 친구는 어떻게 해야 할까요?"

"절교해야지요."

왕이 말했다.

"만약 형벌을 관장하는 관리가 자기 직책을 다하지 못한다면 어떻게 해야 합니까?"

"면직시켜야지요."

"그럼, 한 나라의 정치가 몹시 잘못되었다면 어떻게 해야 합니까?"

선왕은 고개를 돌리고 좌우를 돌아보며 딴소리를 했다.

—《맹자》에서

제나라 선왕은 남의 잘못은 분명하고 명쾌하게 판단하면서, 신하가 "나라의 정치가 잘못되었다면 어떻게 해야 하는가?" 하고 자기에게 책임을 추궁하자 고개를 돌리고 좌우를 돌아보며 딴소리를 한다. 맹자는 가까운 사례를 들어 문제의 본질로 나아가는 방법을 써서 제나라 선왕에게 백성의 고통을 책임져야 함을 일깨워 주려 하였지만, 선왕은 의뭉을 떨며 딴소리를 한다. 자기 눈 속에 있는 들보는 못 보면서 남의 눈 속의 티는 샅샅이 꼬집어 내는 격이다.

자기 잘못은 모르고 변명만 하는 의뭉스러운 사람을 풍자하는 이야기이다.

다른 사람의 단점을 찾아내기 전에, 자기 잘못을 돌아보고 반성하는 태도가 우선되어야 한다.

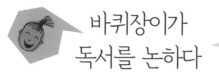바퀴장이가
독서를 논하다

어느 날, 제나라 환공이 당 위에서 책을 읽고 있는데, 정신을 집중하여 책을 읽고 있는 그를 보고 당 아래에 있던 '편'이라는 바퀴장이가 물었다.

"무슨 책을 읽고 계십니까?"

"성인이 쓰신 책이라네."

"성인이 아직 계시나요?"

"벌써 돌아가셨지."

"그렇다면 임금께서 읽고 계시는 책은 옛사람의 찌꺼기에 지나지 않는군요."

바퀴장이 편의 말을 들은 환공은 화를 내며 말했다.

"내가 책을 읽는데 너 같은 바퀴장이가 뭘 안다고 감히 지껄이느냐? 납득할 만한 이유를 대면 살려주겠지만, 그러지 않으면 가만두지 않을 테다."

"좋습니다."

편은 조용히 대답했다.

"제겐 바퀴 깎는 기술밖에 없으니 바퀴 깎는 것으로 말씀드리지요. 나무를 깎아 바퀴를 만들 때 튼튼하고 단단하게 이지러진데 없이 둥글게 만들려면 아주 숙련된 기술이 필요합니다. 예를 들어, 바퀴살과 바퀴통 사이를 너무 깎으면 맞추기는 쉽지만 느슨해서 튼튼하지가 않습니다. 조금만 덜 깎으면 빡빡해서 끼워넣을 수 없지요. 이 때문에 바퀴의 통에 살이 꼭 맞도록 깎는 기술에는 조금도 오차가 없어야 합니다. 이런 기술은 손으로 터득하여 마음으로 따르는 겁니다. 이런 숙련된 기교는 오랜 작업을 통해 길러지는 것이어서 제가 단순히 말로 제 자식 놈에게 가르칠 수도 없고, 제 자식 놈도 실습을 하지 않고서는 이어받을 수 없지요. 그 덕분에 저는 올해 일흔인데도 아직 여기서 바퀴를 깎고 있답니다. 이렇게 보면, 성인은 벌써 죽었고 그가 남긴 책 몇 권도 옛것이니, 임금님께서 읽으시는 그 책이 옛사람의 찌꺼기가 아니고 무엇이겠습니까?"

-《장자》에서

바퀴장이 '편'의 말은, 책을 통해 지식을 얻을 수 있지만 반드시 체험과 실천을 통해 그 지식을 내 것으로 만들어야 함을 알려주고 있다. 그는 수십 년간 직접 작업을 통해 바퀴 깎는 기술을 터득하고 마음으로 다루었기에 숙련된 기술을 익힐 수 있었다. 이 우화를 통해 책을 통해 얻은 지식은 결국 찌꺼기에 지나지 않는다는 것과 참된 말도 직접 체험을 통해 터득해야 한다는 사실을 강조하고 있다.

책은 선인들의 지혜와 지식의 결정체이지만, 체험과 실천으로 그것을 자기의 것으로 만들어야 한다. 말은 뜻을 전달하기 위해 필요한 수단이지만, 최고의 수단은 바로 체험과 실천이다.

원추와 썩은 쥐

하루는 장자가 양나라의 승상이 된 친구 혜시를 찾아갔다. 어떤 사람이 혜시에게 장자를 헐뜯었다.

"장자가 이번에 양나라에 오는 것은 당신의 지위를 빼앗고자 해서입니다."

이 말을 듣고 걱정이 된 혜시는 서둘러 병사를 보내어 꼬박 사흘 밤낮으로 성안을 뒤져 장자를 잡게 하였다. 장자는 속으로 웃으며 궁중으로 들어가 혜시에게 말했다.

이야기 속 고사성어

- **원추불식부서** 鵷鶵不食腐鼠   鵷 원추새 원, 鶵 새끼새 추, 不 아니 불, 食 먹을 식, 腐 썩을 부, 鼠 쥐 서
  원추는 썩은 쥐를 먹지 않는다는 뜻으로, 하찮은 이익에 연연하지 않는 대인의 모습을 비유한 말.

"남쪽에는 봉황과 비슷한 원추라는 새가 있는데, 자네도 들은 적이 있는가? 원추는 늘 남해에서 날아올라 멀고 먼 북쪽으로 날아가는데, 천성이 고아하고 청결하여 오동나무가 아니면 절대로 앉지 않고, 깨끗한 대나무 열매가 아니면 절대로 쪼아 먹지 않으며, 달고 맛있는 샘물이 아니면 절대로 마시지 않는다네. 그런데 올빼미 한 마리가 구더기가 들끓는 썩은 쥐를 가지고 놀다가 가시덤불 속에서 게걸스럽게 먹고 있던 참이었지. 그때 마침 하늘 위로 원추가 지나가고 있었네. 올빼미는 놀라서 어쩔 줄 모르고 허둥대다가 대뜸 소리를 질렀다네. '흥, 누가 감히 내 쥐를 빼앗아 간단 말이냐!' 이제 보니 자네도 양나라 승상 자리 때문에 나를 겁내는 것 같구먼."

—《장자》에서

원추는 창공을 자유롭게 날면서 깨끗한 대나무 열매만 먹는 새다. 그는 올빼미가 차지한 죽은 쥐 따위는 안중에도 없다. 반면에 올빼미는 자신이 물고 있는 썩은 쥐를 원추가 빼앗아 갈까 봐 전전긍긍한다.

여기서 원추는 자유로운 삶을 누리는 장자를, 썩은 쥐를 물고 남에게 빼앗길까 봐 전전긍긍하는 올빼미는 혜시를 비유한다. 높은 이상, 고고한 정신을 가진 사람과 탐욕에 눈이 먼 사람의 모습이 어떻게 다른가를 극명하게 보여주는 이야기이다.

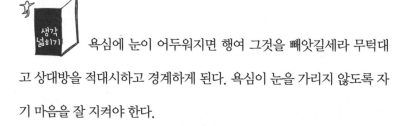 욕심에 눈이 어두워지면 행여 그것을 빼앗길세라 무턱대고 상대방을 적대시하고 경계하게 된다. 욕심이 눈을 가리지 않도록 자기 마음을 잘 지켜야 한다.

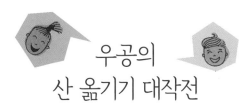

우공의
산 옮기기 대작전

옛날 중국의 북산(北山)에 나이가 아흔인 우공(愚公)이라는 노인이 살고 있었다. 그 노인의 집 앞에는 사방 칠백 리에 높이가 만 길이나 되는 태행산과 왕옥산이 가로막고 있어서, 이 집 사람들이 어디를 가려면 아주 먼 길을 돌아서 다녀야 했다. 그리하여 우공은 태행산과 왕옥산을 옮기려는 뜻을 세웠다.

"애들아, 우리가 모두 힘을 모아 저 두 산을 옮기는 게 어떻겠

이야기 속 고사성어

• **우공이산** 愚公移山 愚 어리석을 우, 公 귀인 공, 移 옮길 이, 山 메 산
우공이 산을 옮긴다는 뜻으로, 어떤 큰일도 끊임없이 노력하면 반드시 이루어 낼 수 있다는 말.

느냐? 저 산만 옮긴다면 우리는 곧바로 하남으로 갈 수도 있고, 한수(강 이름)를 건널 수도 있지. 내 생각이 어떠냐?"

두 산 때문에 먼 길을 돌아서 다니느라 고생했던 식구들은 모두 찬성을 했다. 그런데 우공의 아내가 이렇게 말했다.

"당신은 이미 아흔 살이 넘었고 자식도 몇 안 되는데, 어떻게 산을 옮긴단 말이오? 겨우 언덕 하나도 옮길 수 없을 텐데 태행산과 왕옥산을 옮긴다니오? 옮긴다 한들 거기서 파낸 흙과 돌덩이는 어디다 버릴 참이오?"

식구들은 모두 나서서 말했다.

"동북쪽으로 가서 발해에다 버리지요."

이리하여 우공과 아들, 손자가 나서서 흙을 파고 돌을 깨뜨려 들것에 담아 발해로 옮겼다. 이웃집에 경성이라는 사람의 아들은 겨우 예닐곱 살인데도 일을 돕겠다고 나섰다.

발해까지 한 번 실어 나르고 오니 추운 계절이 지나가고 더운 계절이 돌아왔다. 한 철이 지난 것이다. 우공의 오랜 친구인 지수라는 사람은 인간의 힘으로는 절대로 이룰 수 없는 일이니 공연히 헛수고하지 말라고 충고했다.

"어리석은 친구 같으니! 살날이 얼마나 남았다고. 힘은 또 어떻고? 산의 한 귀퉁이도 건드리지 못할 걸세. 또 흙과 돌은 어떻게 하고?"

우공은 탄식하며 이렇게 말을 했다.

"자네야말로 생각이 고루하군. 자네의 궁리라는 것이 청상과부의 어린애만도 못하네. 내 결심이 정해진 이상 내가 죽으면 내 아들이 있고, 아들은 또 손자를 낳을 테고, 손자도 아들을 낳을 테니 한 세대 한 세대 자손은 끝없이 이어질 걸세. 그러나 산은 한 치도 높아질 리 없지 않은가?"

지수 노인은 뭐라고 대답할 말이 없었다.

두 산에 사는 산신령이 우공의 결심을 듣고 산이 없어질까 두려워하여 옥황상제에게 가서 이 사실을 알렸다. 그 말에 옥황상제는 감동하여 신통한 힘을 가진 과아씨(夸娥氏)의 아들에게 시켜 두 산을 옮기게 했다. 하나는 고비 사막의 동쪽으로 옮기고, 다른 하나는 섬서와 감숙 사이로 옮겼다. 그 후로 이곳에는 길을 가로막는 높은 산이 없었다.

―《열자》에서

우공이라는 노인은 길을 가로막고 있는 태행산과 왕옥산을 옮기겠다는 굳은 결심을 하고, 온 식구들을 동원하여 흙을 파고 돌을 깨뜨려 그것을 들것에 담아 발해까지 옮긴다. 이 소식을 전해 들은 옥황상제는 크게 감동하여 신통력으로 두 산을 옮겨 준다.

무슨 일이든지 우공처럼 백절불굴의 정신으로 온갖 난관을 무릅쓰고 동요 없이 일을 계속 추진하다 보면 주변 사람은 물론 하늘도 감동하게 된다는 이야기이다.

 우공처럼 남들 눈에는 우직해 보이더라도 일을 성급하게 성취하려고 덤비지 말고 우직하게 계속 노력해서 결실을 맺어야 한다.

이 책에 등장하는 중국 철학자들

- 공자(孔子, 기원전 551~479): 춘추시대 말기의 사상가 · 교육가. 유가학파의 창시자. 제자들이 그의 언행을 기록한 《논어》로 세상에 알려져 있다.

- 귀곡자(鬼谷子, 생몰 불명): 전국시대 종횡가의 비조. 외교가의 종횡술로 유명함. 저작으로 《귀곡자》가 있다.

- 노자(老子, 생몰 불명): 춘추시대의 사상가 · 철학가. 도가학파의 창시자. 오늘날 그의 철학은 《노자》를 통해 알려진다.

- 맹자(孟子, 기원전 372~289): 전국시대 중기의 철학가 사상가 · 문학가. 도가학파의 대표 인물. 맹자와 그 제자들의 언행을 기록한 《맹자》가 현재 전해진다.

- 묵자(墨子, 기원전 480~390) 전국시대의 사상가 · 정치가. 묵가학파의 창시자. 그의 사상을 기록한 책으로 《묵자》가 있다.

- 사마광(司馬光, 1019~1086): 북송시대의 사학가. 《자치통감》으로 유명하다.

- 사마천(司馬遷, 기원전 145?~기원전 86?): 서한시대의 사학가. 최초의 기전체 역사책으로 유명한 《사기》를 썼다.

- 순자(荀子, 기원전 298?~238?): 전국시대의 사상가 · 정치가. 유가학설의 대표 인물 중의 한 사람. 저작으로 《순자》가 있다.

- 여불위(呂不韋, ?~기원전 235): 전국시대 말기의 정치가 · 사상가. 잡학가의 대표 인물. 그의 행적을 담은 책으로 식객들이 쓴 《여씨춘추》가 있다.

- 열자(列子, 생몰 불명): 전국시대 초기 도가학파의 사상가. 저작으로 《열자》 8권이 있다.

- 장자(莊子, 기원전 365?~270?): 전국시대 중기의 철학가·사상가·문학가. 도가학파의 대표 인물. 저작으로 《장자》가 있다.

- 주희(朱熹, 1130~1200): 남송시대의 이학가·사상가·철학가. 이학사상의 집대성자. 《사서집주》, 《초사집주》 등을 저술했다.

- 한비자(韓非子, 기원전 280?~233): 전국시대 말기의 사상가. 법가사상을 집대성한 인물로서 저작으로 《한비자》가 있다.

ㄱ

- 각주구검(刻舟求劍): 刻 새길 각, 舟 배 주, 求 구할 구, 劍 칼 검

  ➡ 뱃전에 표시를 해놓고 칼을 찾는다는 뜻으로, 판단력이 둔하여 융통성이 없고 세
  상일에 어둡고 어리석음을 비유한 말.

- 검지려(黔之驢): 黔 검을 검. '귀주'의 옛 이름. 之 어조사(～의) 지, 驢 당나귀 려

  ➡ 귀주의 당나귀라는 뜻. 자신의 근본을 모르고 날뛰는 사람을 꼬집어 비유한 말.

- 고어지사(枯魚之肆): 枯 마를 고, 魚 물고기 어, 之 어조사(～의) 지, 肆 가게 사

  ➡ 목마른 고기의 어물전(魚物廛)이라는 뜻으로, 매우 곤궁한 처지를 비유한 말.

- 관슬지기(貫蝨之技): 貫 꿸 관, 蝨 이 슬, 之 어조사(～의) 지, 技 재주 기

  ➡ 화살을 쏘아 이를 꿰뚫는 재주라는 뜻으로, 활을 쏘는 재주가 입신의 경지에 다다
  랐음을 가리키는 말.

- 관윤자교사(關尹子敎射): 關 관계할 관, 尹 성씨 윤, 子 아들 자, 敎 가르칠 교, 射 쏠 사

  ➡ 관윤자가 활쏘기를 가르친다는 뜻으로, 어떤 일을 할 때 그것에 대한 원리와 그 일
  이 이루어진 까닭을 알아야 함을 비유하여 쓰는 말.

- 구맹주산(狗猛酒酸): 狗 개 구, 猛 사나울 맹, 酒 술 주, 酸 실 산

  ➡ 개가 사나워 손님이 오지 않아 술이 시어진다는 뜻으로, 나랏일에도 간신배가 있
  으면 어진 신하가 모이지 않는다는 말.

- 귀매최이(鬼魅最易): 鬼 귀신 귀, 魅 도깨비 매, 最 가장 최, 易 쉬울 이

  ➡ 귀신이나 도깨비같이 형체가 없는 것이 그리기가 가장 쉽다는 뜻. 이 말을 거꾸로 해석하면 눈에 보이는 사물들은 그리기가 가장 어렵다는 뜻이 된다.

- 기사회생(起死回生): 起 일어날 기, 死 죽을 사, 回 돌아올 회, 生 날 생

  ➡ 죽은 사람이 일어나 다시 살아난다는 뜻.

- 기우(杞憂): 杞 기나라 기, 憂 근심할 우

  ➡ 중국 기나라 사람이 하늘이 무너질까 봐 먹고 자는 것을 잊고 근심 걱정했다는 뜻으로, 쓸데없는 걱정을 가리키는 말.

ㄴ

- 남우충수(濫竽充數): 濫 넘칠 남(람), 竽 피리 우, 充 채울 충, 數 셈 수

  ➡ 남아도는 악사(樂士)로 머릿수를 채운다는 뜻으로, 무능한 사람이 재능이 있는 체하거나 외람되게 높은 벼슬을 차지하는 것을 말함.

- 남원북철(南轅北轍): 南 남녘 남, 轅 끌채 원, 北 북녘 북, 轍 바큇자국 철

  ➡ 수레의 끌채는 남쪽을 향하고 바퀴는 북쪽으로 간다는 뜻으로, 마음과 행동이 모순됨을 비유한 말.

- 노마지지(老馬之智): 老 늙을 노(로), 馬 말 마, 之 어조사(~의) 지, 智 지혜 지

  ➡ 늙은 말의 지혜라는 뜻으로, 연륜이 깊으면 나름의 장점과 특기가 있음을 말함.

- 노왕양조(魯王養鳥): 魯 노나라 노, 王 임금 왕, 養 기를 양·공양할 양, 鳥 새 조

  ➡ 노나라 왕이 새를 공양한다는 뜻으로, 어떤 일을 할 때 내 생각대로만 하지 말고 상대방의 입장을 고려해야 함을 가르쳐 주는 말.

ㄷ

- 다기망양(多岐亡羊): 多 많을 다, 岐 갈림길 기, 亡 잃을 망, 羊 양 양

➡ 갈림길이 많아서 양을 잃는다는 뜻으로, 학문의 길이 여러 갈래로 나뉘어져 있어 진리를 찾기 어려움을 가리키거나 방침(方針)이 많아서 어찌할 바를 모르게 됨을 가리키는 말.

• 당랑거철(螳螂拒轍): 螳 사마귀 당, 螂 사마귀 랑, 拒 막을 거, 轍 바큇자국 철

➡ 사마귀가 수레바퀴를 막는다는 뜻으로, 자기의 힘은 헤아리지 않고 강자에게 함부로 덤비는 사람을 비유하는 말. '당랑지부(螳螂之斧)'라고도 한다.

• 당랑포선(螳螂捕蟬): 螳 사마귀 당, 螂 사마귀 랑, 捕 잡을 포, 蟬 매미 선

➡ 사마귀가 매미를 잡는다는 뜻으로, 눈앞의 이익만 보고 위험을 고려하지 않음을 비유하는 말.

• 대우탄금(對牛彈琴): 對 대할 대, 牛 소 우, 彈 퉁길 탄, 琴 거문고 금

➡ 소를 대하여 거문고를 탄다는 뜻으로, 어리석은 사람에게 참된 도리를 말해 주어도 이해하지 못한다는 뜻.

• 동시효빈(東施效顰): 東 동녘 동, 施 베풀 시, 效 본받을 효, 顰 찡그릴 빈

➡ 동시(東施)라는 못생긴 여자가 미녀 서시(西施)의 눈썹 찡그림을 본받는다는 뜻으로, 옳고 그름이나 좋고 나쁨의 판단 없이 무작정 남을 흉내 내는 것을 가리키는 말.

ㄹ

• 륜편론독서(輪偏論讀書): 輪 바퀴 륜, 偏 치우칠 편, 論 논할 론, 讀 읽을 독, 書 글 서

➡ 바퀴장이 '편'이 독서를 논한다는 뜻. 책을 통해 지식을 얻을 수는 있지만, 체험을 통해 그것을 내 것으로 만들지 않으면 그 지식은 찌꺼기에 불과하다는 것을 말함.

ㅁ

• 마가십배(馬價十倍): 馬 말 마, 價 값 가, 十 열 십, 倍 곱 배

➡ 말의 값이 열 배로 뛴다는 뜻으로, 알아주는 사람이 있어야 능력을 드러낼 수 있음을 일컫는 말.

- 맹인모상(盲人摸象): 盲 소경 맹, 人 사람 인, 摸 더듬을 모, 象 코끼리 상

  ➡ 장님이 코끼리를 만진다는 뜻으로, 전체를 보지 못하고 자기가 알고 있는 부분만 가지고 고집하는 것을 일컫는 말.

- 모순(矛盾): 矛 창 모, 盾 방패 순

  ➡ 창과 방패라는 뜻으로, 말이나 행동의 앞뒤가 서로 일치하지 아니함을 일컫는 말.

ㅂ

- 배궁사영(杯弓蛇影): 杯 잔 배, 弓 활 궁, 蛇 뱀 사, 影 그림자 영

  ➡ 술잔 속에 비친 활 그림자를 뱀 그림자로 착각한다는 뜻으로, 쓸데없는 의심을 품고 지나치게 근심하는 것을 비유하는 말.

- 변장자호(卞莊刺虎): 卞 성씨 변, 莊 장중할 장, 刺 찌를 자, 虎 호랑이 호

  ➡ 변장자의 호랑이라는 뜻으로, 실력이 비슷한 경우 둘을 서로 싸우게 하여 둘 다 얻는 지혜를 가르쳐 주는 이야기.

- 불균수지약(不龜手之藥): 不 아니 불, 龜 갈라질 균, 手 손 수, 之어조사(~의) 지, 藥 약 약

  ➡ 손이 트지 않게 하는 약이라는 뜻으로, 같은 약이라도 쓰는 사람과 방법에 따라 그 가치가 달라짐을 비유한 말.

ㅅ

- 삼인성호(三人成虎): 三 석 삼, 人 사람 인, 成 이룰 성, 虎 호랑이 호

  ➡ 사람이 셋이면 호랑이도 만들어 낸다는 뜻으로, 거짓말도 여러 사람이 하면 곧이 들린다는 뜻.

- 새옹지마(塞翁之馬): 塞 변방 새, 翁 늙은이 옹, 之 어조사(~의) 지, 馬 말 마

  ➡ 변방에 사는 노인의 말이라는 뜻. 세상만사는 변화가 많아 어느 것이 재앙이 되고, 어느 것이 복이 될지 예측하기 어려워 재앙도 슬퍼할 게 못 되고, 복도 기뻐할 것이 아님을 이르는 말.

- 섭공호룡(葉公好龍): 葉 성씨 섭, 公 공변될 공, 好 좋을 호, 龍 용 룡
  ➡ 섭공이 용을 좋아한다는 뜻으로, 겉으로는 좋아하는 것 같지만, 사실은 그렇지 않음을 보여주는 말.

- 수주대토(守株待兔): 守 지킬 수, 株 그루 주, 待 기다릴 대, 兔 토끼 토
  ➡ 그루터기를 지켜 토끼를 기다린다는 뜻으로, 어떤 착각에 사로잡혀 안 될 일을 고집하는 어리석고 미련한 사람을 비유한 말.

- 순망치한(脣亡齒寒): 脣 입술 순, 亡 망할 망, 齒 이 치, 寒 찰 한
  ➡ 입술을 잃으면 이가 시리다는 뜻으로, 가까운 한쪽이 망하면 다른 한쪽도 그 영향을 받아 온전하기 어려움을 비유하여 이르는 말.

ㅇ

- 안도색기(按圖索驥): 按 어루만질 안, 圖 그림 도, 索 찾을 색, 驥 천리마 기
  ➡ 그림에 그려진 대로 천리마를 찾는다는 뜻으로, 융통성 없이 기계적으로 일을 처리하는 것을 비유함.

- 알묘조장(揠苗助長): 揠 뽑을 알, 苗 모 묘, 助 도울 조, 長 자랄 장
  ➡ 빨리 자라게 하려고 모를 뽑아 올린다는 뜻으로, 성급하게 이익을 보려다가 도리어 해를 보게 되는 경우를 일컫는 말.

- 어부지리(漁夫之利): 漁 고기 잡을 어, 夫 사내 부, 之 어조사(~의) 지, 利 이로울 이
  ➡ 어부의 이득이란 뜻으로, 쌍방이 다투는 사이 엉뚱한 제3자가 이득을 챙긴다는 말.

- 엄이도령(掩耳盜鈴): 掩 가릴 엄, 耳 귀 이, 盜 훔칠 도, 鈴 방울 령
  ➡ 귀를 막고 방울을 훔친다는 뜻으로, 남의 말을 듣기 싫어하는 독선적이고 어리석은 사람을 비유하여 쓰는 말.

- 여양모육(與羊謨肉): 與 더불어 여, 羊 양 양, 謨 꾀 모, 肉 고기 육
  ➡ 양과 더불어 고기를 얻을 모의를 한다는 뜻.

• 여호모피(與狐謨皮): 與 더불어 여, 狐 여우 호, 謨 꾀 모, 皮 가죽 피

➡ 여우와 더불어 가죽을 얻을 모의를 한다는 뜻. 이익과 손해가 서로 부딪치는 사람과 일을 의논하면 결코 좋은 결과를 이룰 수 없음을 가리키는 말.

• 영서연설(郢書燕說): 郢 초나라 서울 영, 書 글 서, 燕 연나라 연, 說 말씀 설

➡ 초나라 영에 사는 사람의 글을 연나라 사람이 설명한다는 뜻으로, 도리에 맞지 않는 일을 억지로 끌어대어 도리에 닿도록 함을 이르는 말.

• 오십보소백보(五十步笑百步): 五 다섯 오, 十 열 십, 步 걸음 보, 笑 웃음 소, 百 일백 백, 步 걸음 보

➡ 오십 보 도망한 사람이 백 보 도망한 사람을 비웃는다는 뜻으로, 조금 낫고 못한 차이는 있지만 본질적으로 차이가 없음을 가리키는 말.

• 우공이산(愚公移山): 愚 어리석을 우, 公 귀인 공, 移 옮길 이, 山 메 산

➡ 우공이 산을 옮긴다는 뜻으로, 어떤 큰일도 끊임없이 노력하면 반드시 이루어 낼 수 있다는 말.

• 원추불식부서(鵷鶵不食腐鼠): 鵷 원추새 원, 鶵 새끼새 추, 不 아니 불, 食 먹을 식, 腐 썩을 부, 鼠 쥐 서

➡ 원추는 썩은 쥐를 먹지 않는다는 뜻으로, 하찮은 이익에 연연하지 않는 대인의 모습을 비유한 말.

• 일엽장목(一葉障目): 一 한 일, 葉 잎사귀 엽, 障 가릴 장, 目 눈 목

➡ 나뭇잎 하나가 눈을 가린다는 뜻으로, 단편적이고 일시적인 현상에 미혹되어 전반적이고 근본적인 문제를 깨닫지 못함을 가리키는 말.

• 임강지미(臨江之麋): 臨 다다를 임, 江 강 강, 之 어조사(~의) 지, 麋 고라니 미

➡ '임강의 고라니'라는 뜻. 여기에서 지사불오(至死不悟)라는 고사성어가 나왔다.

➡ 지사불오(至死不悟)

• 쟁안(爭雁): 爭 다툴 쟁, 雁 기러기 안

➡ 기러기를 두고 다툰다는 뜻으로, 본질이 아닌 것을 놓고 다투는 모양을 일컫는 말.

• 쟁선공후(爭先恐後): 爭 다툴 쟁, 先 먼저 선, 恐 두려울 공, 後 뒤 후

➡ 선두를 다투면서 뒤처지는 것을 두려워한다는 뜻으로, 격렬한 경쟁을 비유한 말.

• 전심치지(專心致志): 專 오로지 전, 心 마음 심, 致 다다를 치, 志 뜻 지

➡ 온 정신을 한곳에 집중한다는 뜻.

• 절간입성(截竿入城): 截 끊을 절, 竿 낚싯대 간, 入 들 입, 城 성 성

➡ 장대를 잘라서 성으로 들어간다는 뜻.

• 정인매리(鄭人買履): 鄭 정나라 정, 人 사람 인, 買 살 매, 履 신발 리

➡ 정나라 사람이 신발을 산다는 뜻으로, 현실을 고려하지 않고 원리원칙에 얽매어 융통성 없이 행동하는 사람을 비유하여 이르는 말.

• 정저지와(井底之蛙): 井 우물 정, 底 낮은 저, 之 어조사(~의) 지, 蛙 개구리 와

➡ 우물 안 개구리라는 뜻으로, 소견이나 견문이 몹시 좁은 사람을 비유함.

• 조삼모사(朝三暮四): 朝 아침 조, 三 석 삼, 暮 저물 모, 四 넉 사

➡ 아침에 세 개, 저녁에 네 개라는 뜻으로, 당장 눈앞에 보이는 차이만 알고 그 결과 가 같음을 모르거나 간사한 꾀를 써서 남을 속이는 것을 비유하는 말.

• 증자살체(曾子殺彘): 曾 일찍 증, 子 아들 자, 殺 죽일 살, 彘 돼지 체

➡ 증자(춘추시대의 유학자. 공자의 제자로 효심이 두터웠던 인물로 알려짐)가 돼 지를 잡는다는 뜻으로, 자녀 교육에 있어서 약속의 중요성을 가르쳐 주는 말.

• 지사불오(至死不悟): 至 다다를 지, 死 죽을 사, 不 아니 불, 悟 깨달을 오

➡ 죽음에 이르러서도 깨닫지 못한다는 뜻으로, 몹시 어리석음을 가리키는 말.

- 학철부어(涸轍鮒魚): 涸 마를 학, 轍 바큇자국 철, 鮒 붕어 부, 魚 물고기 어
➡ 수레바퀴 자국의 고인 물에 있는 붕어라는 뜻으로, 몹시 곤궁하거나 위급한 처지에 있는 사람을 비유하여 이르는 말.

- 학택지사(涸澤之蛇): 涸 마를 학, 澤 못 택, 之 어조사(~의) 지, 蛇 뱀 사
➡ 물 마른 연못의 뱀이라는 뜻. 남을 교묘히 이용하여 함께 이익을 얻는 일을 비유한 말.

- 한단지보(邯鄲之步): 邯 조나라 서울 한, 鄲 조나라 서울 단, 之 어조사(~의) 지, 步 걸음 보
➡ 한단의 걸음걸이라는 뜻으로, 제 분수를 잊고 무턱대고 남을 흉내 내다가 이것저것 다 잃음을 비유하여 이르는 말.

- 호가호위(狐假虎威): 狐 여우 호, 假 거짓 가 · 빌릴 가, 虎 범 호, 威 위엄 위
➡ 여우가 호랑이의 위세를 빌린다는 뜻으로, 남의 권력을 등에 업고 위세를 부리는 것을 이르는 말.

- 화사첨족(畵蛇添足): 畵 그림 화, 蛇 뱀 사, 添 더할 첨, 足 발 족
➡ 뱀을 그리고 발을 더한다는 뜻으로, 하지 않아도 될 일을 하거나 필요 이상으로 쓸데없는 일을 하는 것을 가리키는 말.

유아이북스의 책 소개

내 안의 자신감 길들이기

- 바톤 골드스미스 지음
- 김동규 옮김
- 자기계발/심리
- 값 13,800원

도전에 맞서기가 두려운 이유는 자신에 대한 믿음이 부족하기 때문이다. 이 책은 자신감이 부족한 당신의 삶을 바꿀 수 있는 계기가 될 것이다.

내 안의 겁쟁이 길들이기

- 이름트라우트 타르 지음
- 배인섭 옮김
- 자기계발/심리
- 값 13,500원

심리치료사이자 독일의 유명 무대연주자가 쓴 무대공포증 정복 비법. 이달의 읽을 만한 책(한국출판문화산업진흥원)으로 선정된 바 있다.

내 안의 마음습관 길들이기

- 수제, 진홍수 지음
- 김경숙 옮김
- 자기계발/심리
- 값 13,500원

생활 속에서 흔히 경험하는 심리 현상을 소개하고, 사람들의 행동에 숨겨진 심리적 원인을 쉬운 언어로 해석했다. 더불어 자신의 마음을 다스리고, 원활하게 사회생활을 해 나갈 수 있는 구체적인 방법을 제시한다.

내 안의 불안감 길들이기

- 존 실림패리스,
  데일리 디애나 슈위츠 지음
- 이연규 옮김 | 최한나 감수
- 자기계발/심리
- 값 15,000원

미국에서 수많은 불안장애 환자들을 치료하며 명성을 얻은 존 실림패리스 심리치료사는 책을 통해 일상생활에서 쉽게 불안감을 이겨내는 방법을 전한다. 막연한 불안감에 시달리는 사람들에게 직접적인 해결책을 준다.

행운을 잡는 8가지 기술

- 소어 뮬러, 레인 베커 지음
- 김고명 옮김
- 자기계발/경영·경제
- 값 15,000원

우리가 어떻게 해야 운 좋은 사람이 될 수 있는지를 과학적으로 논했다.
뉴욕타임스 베스트셀러

세종처럼 읽고 다산처럼 써라

- 다이애나 홍 지음
- 인문/에세이
- 값 14,000원

책 읽기와 글쓰기는 최고의 자기계발법이다. 세종과 다산, 두 위인의 발자취를 에세이 형식으로 풀어냈다.

깐깐한 기자와 대화하는 법

- 제프 앤셀, 제프리 리슨 지음
- 구세희 옮김
- 자기계발/언론
- 값 14,000원

기자 출신으로 세계적인 커뮤니케이션 컨설턴트가 말하는 실전 대언론전략서다. 기업 임원, 홍보 담당자, 정계 인사라면 꼭 읽어야 할 책이다.

세상에 쓸모없는 사람은 없다

- 웨이완레이, 양센쥐 지음
- 조영숙 옮김
- 인문/자기계발
- 값 15,000원

전 세계에서 《성경》과 《공산당선언》 다음으로 많이 보급된 《노자》. 이 《노자》에 담긴 경영 사상을 도(道), 덕(德), 유(柔), 무(無), 반(反), 수(水)로 종합해 설명했다.

누가 왕따를 만드는가

- 아카사카 노리오 지음
- 최지안 옮김
- 인문/사회
- 값 14,500원

차별 문제를 '배제'라는 키워드로 풀었다. 배제의 현상을 학교 내 따돌림, 노숙자 살인, 사이비 종교, 묻지마 범죄, 장애인 차별, 젊은이들의 현실 도피 등 6개 주제로 나누어 분석했다.

유대인 유치원에서 배운 것들

- 우웨이닝 지음
- 정유희 옮김
- 육아/유대인 교육
- 값 13,000원

유대인의 교육 철학은 유명하다. 이렇게 유명한 데는 이유가 있는 법! 이 책은 자녀교육의 모범답안이라는 유대인의 교육법을 동양인의 시선으로 바라봤다.

생각의 크기만큼 자란다

- 장석만 지음
- 청소년/철학
- 값 12,000원

이 책에서는 '창의력이란 무엇일까'라는 물음에 70명의 위인들이 답한다. 남들과 다른 생각으로 세상을 바꾼 인물들의 이야기가 나온다. 대한출판문화협회와 한국출판문화진흥재단이 선정한 '2015 올해의 청소년교양도서' 중 하나다.

모략의 기술

- 장스완 지음
- 인문/고전
- 값 14,000원

귀곡자는 중국 역사상 가장 혼란했다는 전국시대에 제후들 사이를 오가며 약한 나라일수록 종횡으로 힘을 이용해야 한다고 주장한 책략가였다. 지금까지 국내에 잘 알려지지 않았던 그의 주장을 현대에 맞게 자기계발서로 재구성했다.

서로를 사랑하지 못하는 엄마와 딸

· 호로이와 히데아키 지음
· 박미정 옮김
· 인문/에세이
· 값 13,000원

서로를 사랑하지 못하는 모녀들의 이야기. 실제 상담 사례를 각색해 그들이 상처를 치유해 가는 과정을 보여준다.

반성의 역설

· 오카모토 시게키 지음
· 조민정 옮김
· 인문/교육
· 값 13,800원

범죄 전문가이자 교도소에 수감 중인 수형자를 교정지도하고 있는 저자는 수감자와의 상담을 통해 반성의 역설적인 면을 폭로한다. 이를 통해 진정한 반성이 무엇인지를 고민했다.

돈, 피, 혁명

· 조지 쿠퍼 지음
· PLS번역 옮김 ｜ 송경모 감수
· 경제학/교양 과학
· 값 15,000원

이 책은 혼란했던 과학혁명 직전의 시기를 예로 들어 경제학에도 혁명이 임박했음을 이야기한다. 과학혁명 이전 혼란기의 천문학, 의학, 생물학, 지질학과 현재 혼란기를 겪고 있는 경제학의 유사점이 흥미진지하게 전개된다.

엄마의 감정수업

· 나오미 스태들런 지음
· 이은경 옮김
· 육아심리/자녀교육
· 값 14,800원

엄마라면 누구나 공감할 만한 생생한 목소리가 담겼다. 육아 분야 베스트셀러 저자이자 심리치료사인 저자가 운영하는 엄마들을 위한 토론 모임에서 나왔던 많은 엄마들의 사례를 통해 엄마와 아이의 바람직한 애착 관계에 대해 이야기한다.

삶의 뿌리, 인문학

· 다이애나 홍 지음
· 인문/자기계발
· 값 15,000원

역사적인 위인과 인문학이라는 신선한 조합을 통해 시대를 뛰어넘은 인문학을 전한다. 다이애나 홍 한국독서경영연구원 원장은 위대한 인물들의 치열한 삶의 과정을 인문학이란 그릇에 담아냈다. 흔들리지 않고 행복한 삶을 살고 싶은 사람이라면 꼭 읽어야 할 책이다.

기술 중독 사회

· 켄타로 토야마 지음
· 전성민 옮김
· 사회/인문
· 값 15,000원

마이크로소프트 인도 연구소 공동 창립자인 저자는 기술 발전이 인류 운명을 좌우한다는 식의 논리에 반기를 든다. 기술이 아무리 발달해도 인류 행복의 열쇠는 결국 사람이 쥐고 있음을 생생한 사례와 체험을 통해 이야기한다. 빌 게이츠가 추천하는 책이다.

무엇을 가르칠 것인가

· 허버트 스펜서 지음
· 유지훈 옮김
· 인문/교육
· 값 14,000원

영국의 대표적인 사상가 허버트 스펜서의 교육 사상을 다룬 저서로 국내 최초 번역물이다. 찰스 다윈이 "나보다 몇 배는 나은 위대한 학자"라고 평가할 명망 있는 학자였던 그는 암기에 치중하고, 도덕에 무지하고, 체력을 경시하는 교육의 문제에 대해 이야기한다.

자살의 해부학

· 포브스 윈슬로 지음
· 유지훈 옮김
· 심리/인문
· 값 15,000원

자살은 우리가 생각했던 것보다 훨씬 오래전부터 시작된 하나의 '역사'다. 영미권 최초로 자살 문제를 종합 분석한 이 책은 자살을 어떻게 예방할지를 정신과 의사의 관점으로 풀어나갔다. 다양한 사례가 제시돼 있는 것도 특징이다.

경제는 내 친구

· 정광재, 박경순 지음
· 청소년/경제
· 값 12,500원

아이가 일상 속에서 경제 상식을 즐겁게 배울 수 있도록 구성하였다. 기회비용 등 경제 개념부터 보험 등 금융 상품까지 다양한 주제를 통해 어려운 경제 원리도 쉽게 이해할 수 있다. 경제부총리 겸 기획재정부 장관 추천 도서.

신화로 읽는 심리학

· 리스 그린, 줄리엣 샤만버크 지음
· 서경의 옮김
· 심리/인문
· 값 15,000원

그리스 로마 신화부터 히브리, 이집트, 켈트족, 북유럽 신화 등, 총 51가지 신화를 소개한다. 어려운 심리학 용어 없이도 마음의 문제를 쉽게 극복할 수 있도록 돕는 책이다.